深度输出

[日] 外山滋比古 著

沈亦乐 译

伝達の整理学

中国友谊出版公司

目 录

第一章 传达是一种新文化 / 001

广义的语言 003

很久很久以前,在某个地方 011

桃太郎 019

镜花水月 025

"中景"的美学 035

第二章 传达的方式 / 045

用耳朵思考 047

文殊菩萨的智慧 056

语言的风格 066

是站着，还是躺着 077

第三章　传达的技巧　/　085

巧妙的措辞——敬语　087

暧昧（上）　097

暧昧（下）　107

语言的价值　114

第四章　传达的理论　/　125

第四人称　127

经典——第五人称　137

成　熟　147

意义、解释和幽默　156

第五章　传达的手段　/　165

接收者　167

放　送　178

通　信　187

邮　件　197

第一章
传达是一种新文化

广义的语言

说和听的语言

不知为何,日本人似乎总觉得自己对语言情有独钟,因此我们在语言的学习上也格外用心。与此同时,在少数情况下,我们会反省自己的语言是否有失偏颇。若被人问起"日本是否真的是受语言神灵保佑的国度",我们的心里还是没底。

尽管没有察觉,但我们一出生就进入了学习语言的过程。这种学习是我们无意识间在家里自然而然地进行的,没有老师从旁指导。

两年后,我们开始像模像样地使用语言。这一阶段的语言教育十分关键，会影响孩子的一生。可以说，过去人们常说的"三岁看老"，就是源自对最初的语言的执念。

三岁孩子说出的话多种多样、不成体系，几乎没有家庭认为如何掌握最初的语言会决定一个人的一生。

上小学后，我们开始正式接受语言教育，小学的语言教育有鲜明的特征。

以前，学校首先会教学生怎么读，学习语言的科目叫作"读法"。现在或许不再有这样的情况，在第二次世界大战前和战后不久的一段时期，国语课的主要内容是学习认字。曾经有段时间的科目名是"写法"，但这与写文章无关，是教学生怎样用毛笔写字。

几乎没有学校教学生如何写文章，只是在教字的读法的时候，捎带布置写文章的作业，也就是"作文"，但是没有正式的"作文课"。大概那时候没有人觉得奇怪，所以到了"二战"后，当美国人指出这一问题时，不少国语老师非常惊讶。

以文字为主的语言教育持续了百年，难怪日本人对语言的感受变得有些特别。

有一种观点认为，比起实用性的文章，文学性的文章更有档次。这种观点非常普遍，已经深入人心。俳句和短歌这类世界上独特的文学形式，在日本得以大放异彩绝非偶然。擅长创作俳句却写不好实用性文章，这种情况在日本人中并不罕见。

因为一直以来，我们把语言的重心放在阅读上，忽视了写作的重要性。然而，绝大多数日本人没有意识到自己对写作的怠慢。

长期以来，语言教育以"读法"为核心，语言中说和听的功能没有得到重视。让日语沦为"沉默的语言"的人，正是日本人自己。

总之，绝大部分人终其一生都没能掌握正确的发声方法。以说话为生的学校老师即便长期学习语言，也不知道该怎样说话。

从"二战"前开始，培养小学教师的师范学校拥有非常好的教育，为社会输送了一批批优秀老师。

不过，他们没有注意到学校的语言教育偏重文字教育——或许是无视了这一点。这些师范学校的文字教育非常出色，却完全忽略了发声教学。在成为老师之前没有一个人接受过发声训练。因为所有人都是如此，于是也没有人提醒这样做的危害，真是悲哀。

青年人充满干劲地来到小学任教，面对一群不听话的小学生，不知道怎样发声才能让声音更加洪亮，也从来没有学习过，只能在课堂上以自己的方式用力扯着嗓子讲话。

新教师累得筋疲力尽，但是因为对工作满怀热情，所以不会当回事儿。

令人心疼的是，他们没有机会知道，每天大声说话几个小时，完全是体力型劳动。

明明身体已经疲惫不堪，还不予以重视，长此以往终究会出现问题。每当暑假结束后的秋季学期来临之际，就会有老师身体抱恙。各地都有老师病倒，染上结核病，这在以前被称为肺病。

这时候若是掉以轻心，将导致结核病加重。要是运气不好，来年春天就会丧命。当时多少年轻有为的教师就这样因病去世，现在知道的人越来越少了。他们错就错在小看了有声的语言。

他们在成为教师之前，不知道当面对一大群孩子上课时运用腹式发声法的重要性。

学声乐的人会接受发声训练,知道胸式发声的局限性。在靠声音取胜这一点上,教师与声乐家无异。学习腹式发声是必不可少的,然而教师们没有意识到这一点,可谓犯下了大错。

人们一般不会认为学校老师的工作是体力劳动,因此看到老师一个个英年早逝,说出的言论也极度荒谬:"学校的老师要拿粉笔在黑板上写字,吸入过多粉尘才得了肺病……"

对此一无所知的人会信以为真。其实全日本的人都是这样想的。

于是,老师在黑板上写字的时候会拿手帕捂着嘴。即便如此,患结核病的人数丝毫没有减少,这是何等让人心痛!

不仅仅是学校,放眼整个社会,更为普遍、更深入人心的看法是:语言以文字为中心,声音是次要的。然而这个问题不是用"日本文化的特质"就能解释的。

阅读和写字属于语言,这一点毋庸置疑,但阅读和写字终究只是语言的一部分,也就是狭义的语言,把它们当作语言的全部是错误的。语言最主要的功能首先是听和说,比读和写更加重要，然而人们没有注意到这一点。

广义的语言涵盖了听、说、读、写。日语在狭义的语言领域内创造了杰出的文化，却遗忘了广义的语言，现在这一趋势依然没有改变。

"传达"是一种新文化

日本人的语言偏重读和写，也就是狭义的语言。这不是日本人自己认识到的。

"二战"后，美国派出的教育视察团对日本的教育系统进行了调研，指出日本学校偏重文字教育。

对此日方做出了反省，认可听、说与读、写同样重要。

自此学校对语言教育进行了改革，强调听、说、读、写四项技能缺一不可，将以往以读和写为中心的狭义语言的教育拓展到听、说、读、写四项技能的教育。学校的学习指导要领中明确指示了这一点，表明学校认可了广义的语言。

市面上出现了重视听和说的新教材，表面上看广义的语言教育正在向前推进。

这样的场景只持续了几年,不知从什么时候开始,曾经"狭义的语言"时代再次来临。但不论是保守派还是进步派,对此都没有提出异议。教育者空前一致地违反了学习指导要领。

正因为如此,日本人拥有的才智被损失了极大一部分。日本的声音语言结构固有的缺陷削弱了日本人的思考能力。然而,几乎没有人认真思考其中的危害。

值得肯定的是,狭义的语言尊重文学性的表达,能够培养写作能力;而广义的语言,也就是说话,更注重意思的传达。传达与交流稍有不同,指的是信息的传递。

在民主社会,广义的语言有着巨大的力量,当然这需要我们研究表达方式、提高传达效率。不过,能说会道与此不同,它需要的是新的修辞手法。

在广义的语言概念中,接收者扮演着极其重要的角色,然而日本的教育从未考虑如何倾听。

要掌握广义的语言,靠的是"道听途说"。不幸的是,我们所在的社会向来轻视口头表达,很少有人能仔仔细细地听别人讲话。

引发我们反思的正是传达论。与其说它是一种新式语言学,不如说它是一种新文化。

当人工智能技术开始威胁人类智能,语言的传达便成为最新的知识主题。

很久很久以前，在某个地方

民间故事的智慧

　　如今已经步入老年的人们在小时候经常听故事。

　　故事种类不多，其中广为人知的故事有《伊索寓言》里的龟兔赛跑。

　　兔子对乌龟说："我们来赛跑吧，看谁先到对面的山脚下。"乌龟答应了。比赛开始后，兔子掉以轻心，找地方休息了一下，没想到不小心睡着了。在兔子睡觉的时候，乌龟一刻不停地拼命爬，最后赢得了比赛。

　　虽然这是一个十分蹩脚的故事，却非常受欢迎，流传甚广。

就算只是讲给孩子听的故事，它的情节设定也相当不合理。

乌龟再没心没肺，也不至于想和兔子赛跑，可是孩子们想不到这一点。兔子再粗心大意，也不可能在比赛过程中犯下打瞌睡这样的错误，但孩子们也不具备这样的思考能力。最后，他们只记得骄傲使人落后。

乌龟也很反常。按照常理，乌龟不可能在赛跑中获胜。兔子提议将终点设在山脚，如果是有智慧的乌龟，从一开始就不会答应。聪明的乌龟会选择海中的小岛作为终点，而只要兔子不是过于愚蠢，也不可能同意乌龟的提议。也就是说，乌龟将不战而胜，天下太平。

龟兔赛跑的寓言故事连这些细节都没有考虑到，不是成熟思维的产物。

可怜的孩子们把这样的故事当真了，长大后也不觉得有问题。

若是认为过去讲给孩子们听的全都是龟兔赛跑这样的故事，就是极大的误解了。

以"很久很久以前，在某个地方"开头的民间故事，说不定有超越当代成年人思维的地方。民间故事通常非常有智慧，其中最具代表性的是"桃太郎"。现在的知识分子只把它当作一个荒诞无稽的故事，没有深入研究，这是非常不妥当的。用心探寻其中的意义，至少从获取知识的角度来看会很有意思。

桃太郎故事的真相

"很久很久以前，在某个地方，有一位老爷爷和一位老奶奶。"

这是桃太郎故事的开头。"很久很久以前"是指什么时候，当然不得而知，总之是在很久远的过去。"某个地方"是一个根本不存在的地方，老爷爷和老奶奶也都没有名字。

"一天，老爷爷上山砍柴，老奶奶去河边洗衣服。"

"就在老奶奶洗衣服的时候，一个大桃子从河上漂了过来。于是，老奶奶把它带回了家。"

老奶奶为什么会把桃子带回家？故事根本没有提到这一点。

实际上，其中蕴含了丰富的意义。故事中虽然说老奶奶是去河边洗衣服，但其实她的目的是捡桃子。

老爷爷、老奶奶家附近的树上就结了桃子，根本用不着到河边去捡。但是，老奶奶不想要家门口的桃子，只想要不知道从哪里漂来的桃子。

为什么呢？因为从远处漂来的桃子更好。看到这里你一定会纳闷，而这背后有一些复杂的原因。

要是把家附近的桃子带回家，就会发生不好的事情。具体来说，家附近的桃子容易生出畸形的小孩，而来历不明的桃子会生出健康漂亮的孩子。老夫妇清楚这一点。

如果直截了当地说出来，会有不好的影响，所以借用比喻来传递这层意思，而只有受过教育的人才能理解其中的含义。

创作了桃太郎的故事的人（或许是一群人）知道寓意于言。说白了，就是把不方便明说的道理以寓言故事的形式讲出来。

民间故事原本想借故事传达这样的意思。

那时候人们害怕生出先天畸形的孩子，后来有人发现，造成这种结果的原因似乎是近亲结婚。

不要家附近的桃子，而是把河上漂来的桃子带回家，就是为了规避近亲结婚、同族结婚带来的风险。

在这里，桃子代指女性，进一步来说，是孕育生命的子宫。用桃子代指女性的子宫绝非偶然。桃太郎是从漂来的桃子里出生的，是"机灵又强壮"的健康婴儿，将来必定成为英雄，受到人们的祝福和欢迎。了不起的是，桃太郎的故事在当时就预见了后来遗传学、优生学的知识见解。这一发现令人惊喜，值得骄傲。

把它当作写给孩子的故事也能使人愉快，然而可悲的是，印刷文化抹杀了含蓄的作用，让人再也捕捉不到言外之意。

桃太郎这个名字的含义，当然不仅限于从桃子里出生这么简单。桃太郎带领猴子、狗和野鸡前往鬼岛为民除害的情节也蕴含着深奥的道理。桃太郎的传说代表着印刷术出现前的文化高度，后世的人失去了丰富的想象力，只把它当作童话故事，可以说是一种文化的退步。

"有声经典"要怎么读

如果讲述的是昨天和今天的事情，这些话就有新闻价值，新闻顶多只有几天的生命。

文章虽然没有新闻价值，但是有一定含义，所以不会马上消失，还会令人觉得有趣。

印刷文化见证了两件事：一是读者的解读和作者的原意会有些许不同，二是自古以来的有声文化逐渐被遗忘。

在人们逐渐忘却有声文化的过程中，民间故事挑选出了其中有意思的部分。印刷时代的大多数人越来越不能理解"很久很久以前，在某个地方"的世界。连这一点都没有思考，就一味地创作故事讲给年幼的孩子听，是不负责任的行为。

思考怎么读有声经典是最基本的。疏忽了这一点，就相当于在对文化进行严重的破坏。

新闻是语言的近景。

文学诞生于稍微久远的中景语言，是中景世界的产物，因此难以描绘现代世界。形成中景世界至少需要三十年，而大量文学作品在中景世界出现之前就消失了。

声音的表达不仅可以存活三十年，还可以跨过一百年甚至两百年的关卡，但留存的数量非常有限，绝大多数都失传了。

民间故事就是幸存下来的那部分，因此格外珍贵，是经典中的经典，内容绝非一蹴而就。

在现代作品里，再也见不到"很久很久以前，在某个地方"的字眼，但是现代人似乎在一点点认可有声语言，可能不久就能明白什么是"很久很久以前，在某个地方"。

一直以来，很多人都是靠视觉发挥想象力的，要是再加上听觉的智识，一扇新世界的大门就会自动打开。

我们常说的"见闻"，指的是视觉优先的思考方法，这也是依赖印刷文字的人们的习惯。如果我们做出一半改变，或许就能成为新人类。

"很久很久以前，在某个地方"代表的超越经典的世界，或许也能超越现代世界。依靠听觉发挥想象力及语音的智能，将使这种幻想成为可能。

顺利的话，我们或许能开创一个不输给机器的世界。"很久很久以前，在某个地方"可能会与迎面而来的无机智慧肩并肩，致力于新文化的创造。

怎样让耳朵更灵敏

一直纠结"很久很久以前，在某个地方"反而无趣。

如何具备足够的智力、敏感度和想象力，衍生出故事背后的智慧呢？

光读书解决不了问题。对一般人而言，掌握一项新的知识技能并非易事。更加现实的做法，是学习印刷文化诞生前的人们的智慧。

仅靠读书不足以让耳朵更灵敏。一个人无法训练听觉，即便找附近的一两个人训练也不会有什么效果。三个人聚在一起，才能顶一个诸葛亮，四五个人的话更好。但现实情况是，召集三个人都很困难，更别说四五个人了。虽然让三个人彼此忍受已经是极限，但是三个臭皮匠凑在一起讨论，总能挖掘出意想不到的新内容。

"很久很久以前，在某个地方"到了今天，就演变成"三个臭皮匠，顶个诸葛亮"。

如果能证实闲谈可以孕育发现和新思考，我们就能得到不逊色于"很久很久以前，在某个地方"的智慧。

传达的妙处恰恰就在这里。

桃太郎

以"第四人称""第五人称"视角读民间故事

从第一人称、第二人称、第三人称的立场出发,无法看到事物戏剧性的一面。要运用第四人称视角,即以旁观者的身份从背后眺望。一般来说,故事诞生于第四人称视角,并且遥远的故事总是伴随着第四人称的形成与丰满。

与此不同的是,我们无法以第四人称视角领会发生在三五十年前的事。是第五人称把三五十年前的事变成了故事,没有第五人称就没有历史故事。

长久以来,近代教育不承认第四人称、第五人称视角的合理性,不仅没有正视古时候的民间传说,还理所当然地把它们看作杜撰的幼稚小说。在近代文化的语境中，人们不断曲解第四人称、第五人称的视角，把幸存下来的一部分内容当作写给孩子的故事。

为了方便理解，在此举个具体的例子。

"很久很久以前，在某个地方"这句开场白完美地在一句话中同时体现了第四人称（在某个地方）和第五人称（很久很久以前），堪称奇迹。英语中也有与之对应的说法，专用于故事开头：Once upon a time, there...（从前，那里……）但是，英语中类似表达的韵味远不如"很久很久以前，在某个地方"。

好的民间故事一定有这句开场白。就算没有明说，民间故事也多以"很久很久以前，在某个地方"作为引子。

在世界公认的优秀民间故事里，有多例来自日本，其中最有意思且传递了新见解的，就是《桃太郎》。

机智的桃太郎

"很久很久以前，在某个地方，有一位老爷爷和一位老奶奶……"桃太郎的故事从这里开始。发生在什么时候、发生在哪里，一切都不得而知。依照近代人的思维，再普通的老人也有名字，但在民间故事的世界里这些东西反而成了累赘。只用"老爷爷""老奶奶"这样的称呼对应，连日文假名都不标注，这就是民间故事。

老爷爷上山砍柴，其实是因为老奶奶嫌老爷爷碍事，所以把他赶到了山里，真正的主角是老奶奶。老奶奶去河边洗衣服，但不仅限于此，不如说老奶奶去河边另有所图。她其实想去捡桃子，从河上漂来的桃子。虽然家门口就长了桃树，但是老奶奶只想要从河上漂来的来历不明的桃子。

明明家附近就有桃子，老奶奶却视若无睹。她相信从远处漂来的桃子比附近的桃子好，尽管可能存在不安因素。

以现代的观点来看，这个情节是在暗示老奶奶为了避免近亲结婚带来的危害，有意出门寻找别处的桃子。

近亲结婚在过去是非常自然的事情，但常常生出畸形的孩子。老奶奶的智慧就在于为了避免发生这一问题，勇敢地选择素不相识的桃子。这则民间故事中其实蕴含了大智慧。

正是因为如此，桃太郎才有幸长成了"机灵又强壮"的孩子。在优生学尚未出现的时候，桃太郎的故事中已经蕴含对遗传规律的思考。这是早于孟德尔遗传规律的优生学智慧，可以说是震惊世界的发现，日本应该为之骄傲。

故事不仅仅停留在桃太郎是一个健康婴儿上。作为人类，桃太郎取得了巨大的成就。他在修行之路上遇到了猴子、野鸡和狗三个宗族，这三个宗族的关系不好已尽人皆知，桃太郎用了一个和平的方法——给它们黄米团子，便成功收服了它们。在桃太郎的统一领导下，原本打得不可开交的狗、猴子和野鸡成了并肩作战的伙伴。可见桃太郎同样是一位杰出的政治家。

桃太郎非常机智。最初针锋相对的猴子、野鸡和狗若是联合起来，它们的领袖桃太郎就会显得多余，如果发生叛变就更糟了。

提出征服鬼岛的宏伟目标，增强猴子、野鸡和狗的凝聚力，这也是桃太郎杰出智慧的体现。

以视觉为主的文化缺失了什么

民间故事通常是口耳相传，不识字的孩子听了也能明白。而童话一般以文字、印刷体的形式出现，需要人来阅读。在孩子尚不能自主阅读的时候，由大人读给他们听。童话与口语形式的民间故事有着显著的不同。

听到的内容能否比读到的内容传递出更深刻的含义，对此还没有明确的答案。但是在印刷文化中长大的人们没有充分意识到，在理解能力上耳朵的重要性不亚于眼睛。

直到今天，声音文化已经如此发达，人们依然认为写文章比讲故事更高级，这种常识毫无根据。

假如将听觉认知与视觉认知做比较，那么受教育程度越高，就越重视视觉认知，耳朵被视为比眼睛低一等的器官。

升学考试也是视觉认知层面的考试。一般人甚至不会想到，这对听觉型考生来说非常不利。实际上，听觉型考生会因此受到不小的损失。

一部分大学的入学考试引入了英语听力考试，但与书面考试不同的是，听力考试没有明确的评分标准。

"聪明"这个词，将听觉认知和视觉认知相提并论。值得注意的是，耳"聪"先于目"明"。所以说，现代文化将视觉置于听觉之上的做法是有问题的。

人工智能发展的势头令人生畏。说起来，人工智能是视觉性的，也可以说是无机物，而听觉会为其增添更多有机的色彩。

眼镜成功帮助视障人士看清世界,而改善听力的助听器的发展却停滞不前。眼睛是极其复杂的器官,但耳朵比眼睛更加复杂、精细。"聪"在"明"前面是非常有道理的。人类历史随着印刷文明的进步不断发展,听觉被忽视是无可奈何的事,但古时候的人类文化以听觉文化为主,由此产生的想象力和智慧不容小觑。

《桃太郎》是代表过去的听觉文化的民间故事,不仅丝毫不逊色于其他国家的民间故事,甚至超越了它们。《桃太郎》弥补了视觉文化遗漏的部分,享誉世界。日本人接受越多教育,听觉就越不灵敏,逐渐丧失了想象力和创造力。

《桃太郎》的故事发人深省。

镜花水月

孩子的谎言

两个小学生大声聊着天，经过我家门前的大路。

他们好像在说前一天，也就是星期日和爸爸出门钓鱼的事。

其中一个小学生说："我们钓到了一条很大很大的鲸鱼呢！"

另一个小学生听了非常佩服，问他是怎么把鲸鱼带回家的。

"这个嘛，我们带了木筐，就把鲸鱼装进木筐里带回了家。"

另一个孩子听了之后不禁赞叹："好厉害啊！"

我觉得这个对话很有意思。

讨论他们是不是真的钓到鲸鱼也太不识趣了。既然另一个小孩听了觉得很了不起，那就没什么关系，不过是编出来的故事罢了。

但不是所有人都能编出这样的故事，这需要一点发明家的才能。

毕竟需要信口开河。

听者觉得有趣，讲话者自然来劲。想都没想过的话语脱口而出，讲话者别提多兴奋了，荒谬的大话和白日梦般的故事更是张嘴就来。

一个人当然做不到这些，必须有赞美他的听者在场。听者只讲究有趣与否，不会没完没了地探究，只会在心里赞叹。但我们不是总能遇到这样的人，要是有关系好的朋友就再好不过了。

比如刚才谈论鲸鱼的孩子，就有一个好的倾听者。可以想象，听故事的孩子一定听了无数个类似的谎话。

那个谈论鲸鱼的孩子说不定后来成了小说家，前提是有人愿意看、愿意听。

我本人也有一段苦涩的记忆。

那是我上小学前后发生的事。当时我有几个小伙伴,小孩子通常喜欢打打闹闹,但是聚在我周围的孩子都爱听有趣的故事。虽说如此,当时也没有什么书或杂志,就算有,我们也没到识字读书的年纪。

大家常常一起坐在寺院正门前的石阶上,由其中一个人(多半是固定的)讲自己编的故事。

要想逗乐所有人绝非易事,故事不能循规蹈矩,还要能让人吃惊。

当时我似乎很擅长编故事,大家都求着我讲,我往往会即兴编一段故事。

有一次我讲了一个卖鱼的故事,小伙伴们听了都很佩服我,我很得意。

在我家乡的那片土地上,人们在海岸内侧挖洞建了一个养鱼场,养了各种各样的鱼。当然,养鱼场禁止人们捕鱼,而当地的孩子总是想去那里捕鱼。

我讲的正是某天从养鱼场里偷鱼的故事。小伙伴们听了都很吃惊,也很佩服我。

我一来劲就随口编了谎话,说我把偷来的鱼卖给了鱼铺，赚了十分钱。大家听了都很崇拜我，我高兴极了。

不知道过了多久，奶奶来到我家，把我母亲训斥了一顿。

爷爷家是镇上数一数二的财主，我家虽然不那么富有，独立门户之后也算不错。而这家的孙子去偷别人家的鱼，不仅如此，还把鱼卖给了鱼铺，这太丢人了。奶奶之所以骂我的母亲，就是觉得作为家长对孩子的管教不够严厉。

奶奶训斥母亲的时候，我就在旁边的屋子里听着，这件事我终生难忘。

有趣的故事都带着锋利的刺。不能因为别人听了开心，就编一些好笑的故事，这个道理我永远记在心里。

从此，我开始觉得孩子编造有趣的故事是原罪，也逐渐疏远了虚构小说。

等上了年纪，开始明白一些道理之后，我又觉得孩提时代的谎言、编造的故事也属于一类创作。

孩子随口编造的故事虽然有添油加醋的成分，但没必要较真或是大做文章。

人天生就会撒谎，会无中生有。要是觉得这种能力是邪恶的，或许可以说这是原罪。为此瞪大了眼睛向孩子发火，扼杀孩子虚构故事的能力，就是在磨灭他们的创作才能，甚至给他们的心灵造成伤害。

艺术不同于道德，它之所以能够成为妙趣横生的文化，就是因为在谎言、虚构的故事及想象中存在违背常识的"真实"。

如此想来，孩子说大话、小时候爱编故事都是很自然的事。不过，因为大多数人觉得说谎不好，所以很难为有趣的故事找到滋生的土壤。这个世界成了守规矩、诚实而无趣的人的地盘。

恶意的谎言、善意的谎言

T先生是一位老英语文学研究者，写得一手好文章。T先生的父亲是一位杰出的日本文学研究者，据说传授了他不少写作要领。

有一次我去请教他，他告诉我他的父亲只教过他一次怎么遣词造句。

当时T先生还在上小学二年级。适逢新年，少年T给叔叔家写贺年卡，并把写完的贺年卡拿给父亲看。他父亲说写得不错，但是写法上有些问题。

"我去野外玩,结果发现那里空无一人……"

他父亲把这句话挑出来,告诉他新年伊始不应该写这么寂寥的事,要求他改成"大家都玩得很开心"。少年T当然不理解其中的缘由。

"这不是在撒谎吗?"

他父亲听了说:"新年伊始就没有人,这样写不妥。就当作很热闹的样子……"

少年T不明白,为什么严厉的父亲非要让他写假话。等他到了一定的年纪,终于明白遣词造句就是迎合对方,就算是真话,说的时候也不能以自我为中心。这是一种文化。

说话要配合对方的情绪和立场,说或写一些只有自己觉得好的东西是很幼稚的。正因为很多人终其一生都不明白这一点,才会产生不必要的问题。

谎言分恶意的谎言和善意的谎言,善意的谎言会让事物更美好。知道这一点很珍贵。

成熟的谎言文化

去别人家做客,临近中午时也许能听到别人这样寒暄:

"家里什么都没有，留下来简单吃点茶泡饭吧……"

这时候，客人千万不能接受主人的邀请。就算肚子已经饿得咕咕叫，也要表示感谢并礼貌拒绝，匆匆赶回家。这才是成熟之人应有的做法。

赶在用餐时间去别人家做客，本来就是不懂事的行为。这样会让对方操心，也说明你不谙世事、缺乏常识。

有心人就算弄错了时间，也一定会赶在饭点前撤退。

万一真的犯了糊涂，在中午去了别人家，一定要提前做好打算。

要是客人不识趣，对主人说："那真是太感谢了，恭敬不如从命，那我就留下吃顿饭。"主人一家一定会惊慌失措。原本就没有准备，这下肯定会手忙脚乱。

落语《京都的茶泡饭》中就讽刺了这种不识趣的客人。

要想有艺术地说谎，必须会察言观色。京都人非常看重谎言的艺术，但小地方的人非常朴实，不能容忍撒谎。

谎言是枯木上的花。

善意的谎言是文化之花。

不过若是被不识趣的人错误理解，反而会变成恶意的谎言。

最终，小心谨慎的人成了大多数，他们担心谎言带来的危害，分不清黑白善恶，认为所有谎言都是不可取的。

不能说谎。

要如实地说出事实。

社会在这一道德规范下正常运转。

认真的人都是这样认为的。

"诚实"等于无趣

华盛顿小时候的轶事在美国有非常大的影响力，几乎成为美国人踏实的生活方式和坚定的理想信念的根基。

华盛顿的父亲十分珍惜院子里的樱桃树。有一天，樱桃树的枝干断了。父亲大发雷霆，追问是谁干的。

这时候，大多数孩子会装糊涂说不知道。

小华盛顿却不一样。

他如实告诉父亲："是我砍断的。"

这对一个孩子来说非常难得，小华盛顿的聪明和勇气打动了无数人的心。他的行为受到高度评价，畅销书《50个好故事》中也收录了这个故事，传遍全美。

据说有人认为，美国社会尊崇踏实、诚实、正直的品格，是受了华盛顿的影响。

不撒谎、克服痛苦说清事实的行为具有很高的道德价值。

另一方面也有人反思，世界因此变得无趣了。有人猜测，美国之所以难以诞生杰出的艺术，是因为受到称颂正直、抵制谎言的思潮的影响。

这一情况不仅限于美国，憎恶谎言、视不诚实为恶的环境都很难孕育出精彩的文化。要创作出有意思的故事，创造一个缤纷多彩的世界，至少善意的谎言不可或缺。

论文中没有谎言，也不允许说谎，所以一定不会有趣。而由胡言乱语堆砌成的小说，却能告诉我们很多有意思的事情。

美丽的虚构带来和平

把心之所想原原本本地说出来，冲突和混乱便一触即发。事情若真变成这样就麻烦了，文化的本意是化解言辞激烈碰撞后带来的火药味。

最早觉察到这一点的是外交界。既然立场不同，如果毫不避讳地说出真心话，势必引起争执和混乱。

应对外交场合的专家摸索出一套化干戈为玉帛的修辞法，也就是外交辞令。最早觉醒的是法国人，因此在后来很长一段时间里，法语都是外交领域的主宰语言。

如今，以法语为中心的外交体系瓦解，英语取而代之成为全球外交的通用辞令。由于在修辞技巧上不似法语那般讲究，使用英语讨论全球性问题更容易引起摩擦，世界秩序也更容易被打破。

不仅是参与国际外交的人，对很多人而言，只有掌握新式外交辞令，才有可能与不同文化、不同民族和谐共处。

有一种东西叫美丽的谎言。

真实诚可贵，而美丽的虚构将带来和平。

"中景"的美学

假的富士山

一年夏天,我乘坐巴士游览富士五湖。到了一个地方之后,我突然发现富士山就在我眼前。当时正值暑假,一位妈妈带着看起来在上小学的孩子游玩。妈妈大声喊道:"快看!是富士山!"

放眼望去,黑压压的山脉不断迫近。我第一次看到这样的景色,不禁屏住了呼吸。这时候孩子嚷嚷道:"不对,那才不是富士山!"

妈妈听了慌慌张张地想要说些什么,但是孩子很笃定:"不对,那是假的富士山!"

妈妈说了一句"真不懂事"就不说话了。车上其他乘客都忍不住笑了，我也觉得孩子的话特别有意思。

这个孩子虽说是第一次见到真正的富士山，但并不是不认识富士山，他之前肯定见过多次富士山的照片。照片是以远眺的视角拍摄的，山顶上覆盖着积雪，白雪映衬下的富士山格外秀丽。而眼前的富士山就是一些黑黢黢的土块，和照片里的样子截然不同。孩子觉得照片里的才是真正的富士山，他看到的是假的富士山。我们不能说他的判断是错的。

不能太近了。从远处看到的富士山才是富士山。

富士山的最美观景方法

前些年，日本政府向联合国教科文组织提出申请，将富士山列入世界文化遗产名录。

但是联合国教科文组织研究讨论后认为，富士山不符合申请资格。原因是日方申请将三保松原与富士山划为一个整体，而联合国教科文组织认为，三保松原处在距离富士山几十公里远的地方，无法将其看作"富士山"的一部分。

对此，日本方面坚称，三保松原自古以眺望富士胜景闻名，两者并非无关，请求联合国教科文组织再次进行审议。

联合国教科文组织最终认同了日方的意见，正式决定将包括三保松原在内的富士山列入世界文化遗产名录。联合国教科文组织考虑问题细致入微，懂得变通，果真名副其实。

突破近景的局限，将中景的富士山囊括其中，这体现了联合国教科文组织非同寻常的眼界，也引发了我对文化理解程度的思考。

说到欣赏景观，一般人都会想到近景。但很多情况下，近景只适合欣赏小型景观，不适合观赏大型景观。这一道理尚未被大众接受。

只有在一定距离外眺望，才能体会富士山真正的美，在近处是体会不到的。日本人往往容易忘记这一点，这是不对的。

景观分远景、中景和近景三个层次。面对偌大的自然，离开一些距离才能看到它最美的样子。

以前的人即便没太多文化，也深谙这个道理。

"百里凭栏眺，方知富士秀。未雪满山白，筑波岭亦如。"

这首古诗歌颂了中景之美。联合国教科文组织的官员体察到了日本人的内心。"百里"在这里指的是中景,而不是远景。欣赏大型景观的话,中景是最好的。

趣事里的小孩,也是通过中景而非近景来认识富士山的,离得太近就无法领略它真正的美。这个原理已经悄无声息地渗透到各个领域,不仅仅是观赏风景。

历史上伟大的人物和不成器的人

有一句话叫"仆从眼里无英雄"。

即便是受到世人敬仰的人物,身边人也难以看到他的好,不会敬重他。因为他们离英雄太近了。

就算不是随从,杰出人物身边的人也很少会认为他出色。身边的人只会看见他的缺点,并且自以为了不起。自古以来,不知道有多少人一直被误解,直到离开人世。

站在山脚的人不知道眼前的山有多高,他只看到满地的小石子,没有花,透过小石子的间隙勉强能看到红色的土壤。这样的景象很难让人肃然起敬。英雄还没有成为英雄就离开了人世,三十年后,过去的人物成为历史的中景，一切都变得朦胧。近景中的人物变成了中景里的人，让人着迷。

历史性的变化由此开始。如果近景中的人物不幸没有变成中景，便会就此灰飞烟灭，更没有机会再变成远景。

经过三四十年之后再看人人喊打的政治家，或许会意外地发现他的伟大之处，而彼时权势显赫的近景人物反倒无声无息地退出了历史舞台。有点小聪明的人会以为自己只看近景就能通晓一切，实际上人类世界存在所谓的中景，历史也诞生于中景。这个世界之所以令人快乐，是因为懂得这些。

沉寂的漱石伟业

公众逐渐认为夏目漱石是日本近代最杰出的知识分子、文学家，其实在一开始并非如此。夏目漱石起初是一名英语教师，之后前往英国留学。后人猜测，他出国留学是为了成为英语文学研究者。就此来看，他绝对称不上伟大。

当时他的远房亲戚池田菊苗在德国留学，学成归国之前曾到伦敦看望夏目漱石。他询问夏目漱石在伦敦做什么，夏目漱石回答自己在读十八世纪的英国文学作品。池田菊苗在德国学习是为了开辟有机化学这一新领域，因此对夏目漱石的回答有些失望，认为他志向不够高远，鼓励夏目漱石做一些西方人不做的事。于是，夏目漱石转念投身文学研究这一前人未涉及的领域，开始潜心学习。

夏目漱石收起了英国文学的书，转而研读大量社会学和心理学书籍。二十世纪初期，日本国内的大学尚未开设社会学讲座，也没有能讲授心理学课程的教授。历经千辛万苦，夏目漱石终于基本确立了文学研究的方法论，这是一项前所未有的大业。

夏目漱石带着整套理论回国，在东京大学的课堂上发表讲演。东京大学的学生只听拉夫卡迪奥·赫恩[①]讲过英语儿童文学，自然不会懂得这一划时代的文学理论的意义。没想到的是，学生之间发起了抵制夏目漱石的运动。据说后来归于夏目漱石门下的森田草平也是学生运动的带头人之一。

夏目漱石的《文学论》从社会学和心理学出发，对文

[①] 拉夫卡迪奥·赫恩是小泉八云的原名，爱尔兰裔日本作家。——译者注

学的根本进行了层层剖析。这超出了明治时期学生们的认知范围，夏目漱石也因此失去信心，辞去教职。日本的英语文学研究梦随之化为泡影。

二十多年后，也就是二十世纪二十年代，英国剑桥大学学者艾弗·阿姆斯特朗·理查兹（Ivor Armstrong Richards）发表了新的文学研究理论，震惊世界。理查兹的理论将心理学和生理学引入文学研究，与夏目漱石援引心理学和社会学的方法有相通之处。夏目漱石被凡夫俗子打压，而理查兹得到了剑桥学派的支持，尽管支持力度有限，他的理论还是得以闻名世界。

英国人没听说过夏目漱石，日本人也不了解英国的情况，自然不会理解夏目漱石的所作所为。夏目漱石的功绩因此沉寂了很长一段时间。

师从理查兹的威廉·燕卜荪年轻时在东京的一所大学任教。日本人既然不接纳夏目漱石的理论，当然也不会给剑桥学派留下空间。

美国学界的情况也大致相同，关注到英国文学研究已经是"二战"结束后的事情了。美国南部几所较落后的大学开始学习理查兹和燕卜荪的理论，并开创了"新批评派"

（The New Criticism）。

日本人当初无法理解理查兹的理论，却痴迷于发源于美国的新批评派理论。有意思的是，就连读不懂理查兹晦涩的英语表达的学生也开始讨论"新批"，这个词像暗号一样流传开来。但最终，日本在这个领域毫无建树，现在根本没有人提到新批评派理论。

夏目漱石的《文学论》在近景时期遭到否定，在迎来中景时期之前如同消失了一般。

"中景"的美学

在英国，理查兹的文学批评理论在近景时期未被完全接受。传到美国后，处于中景时期的文学批评理论受到高度评价，甚至成为美国文学运动的契机。其实文学理论本身没有发生本质上的变化，只是离它近的时候人们看不到，离得远了才看清楚。

从三保松原看富士山，就能清楚地看到站在山脚向山顶仰望时看不到的风景，理查兹的文学理论与此有相似之处。夏目漱石的成就没有机会成为中景，因而沉寂多年。

中景是最美好的,现在才明白这一点为时已晚。

  人们通常认为,历史忠实地记录了过去,然而事实并非如此。

  历史不是过去某个时点的近景,它记录的是有些久远的中景。关键不在于中景是否比近景更准确地记录了过去,而是中景里的过去比原本的过去更加"有趣"。历史并不是原原本本的过去本身,它反映了过去三十年、五十年的历程。中景的美学在历史中发挥到了极致。

  我们需要做的是升华中景的美学。

第二章
传达的方式

用耳朵思考

令我终生难忘的话

　　这不是发生在很久以前的事。"二战"前,我在一个贫穷又偏僻的乡村长大。

　　那是我上小学三年级的时候。

　　有一天,我们在学校操场上列队。老师告诉我们,接下来要听一位级别很高的老师讲话。虽然不知道要讲什么,但我一下子失去了兴趣。

　　一位大叔走上露天讲台,开口第一句话便问道:"大家都知道桃太郎的故事吧?"

　　我站在台下心想,别把我们当傻瓜,怎么可能没听过!

大叔继续说道:"大家知道为什么桃太郎那么了不起吗?"

我心想:怎么还问这些?知道不就完了吗!我从没想过为什么。

"我来给大家讲讲桃太郎为什么了不起吧……"

我不知道其他孩子听了做何反应,总之我听到了令我终生难忘的一段话。不仅是桃太郎了不起的原因,我还学到了一个道理:有些我们自以为知道的事,其实还有其他含义。我终于明白了什么是思考,并且在我的一生中,也就是接下来的八十年里,一直受到其影响。

更重要的是,老师的一席话让我知道,耳朵能听到有意思的事。千言万语也无法表达我对老师的感激。

这位在寒风中讲起桃太郎的大叔,是后来当上日本大藏大臣的小笠原三九郎先生。我去东京上大学之后偶尔会和他见面,他似乎很乐意喊几个学生一起聊天。他是一位难得的、非常出色的政治家。在喜欢聊天这件事上,他不像日本人。他说自己年轻的时候曾在美国半工半读,想必非常能体会知性对话的乐趣。

日本人学不好外语的原因

　　日本的教育只考虑文字的读写，甚至连写法的教学都是敷衍了事，只是一味地教学生怎么读。至于怎么说话、怎么倾听，则一个字都没有提。老师自己都不知道怎么说话，也压根没有思考过如何倾听，可即便这样也被称作好老师。

　　"二战"结束后，一群美国人来到战败国日本。他们非常惊讶，日本的教育存在明显缺陷，只教学生识字读书。美国人命令日本进行改革，将均衡发展听、说、读、写四项技能作为语言教育的宗旨。教育部门还编制了学习指导要领，开始推行培养这四项技能的教育。

　　无论美国说什么，日本都会照做，只有有关语言的四项技能的教育，日本人没有听进去。一开始，日本试行了一段时间听和说的教育，可是没过多久就"忘了"。不仅是国语课，还有英语课，没有一所学校认真教学生口语和听力。很显然这违反了法令，无奈的是法不责众。

　　日本自古以来就轻视语言的听和说，美国也没有教给日本什么新鲜事物。千百年前，日本学习中国大陆的语言时，老师教的是文字和意思，发音和读法则随意得多，而说话从一开始就被忽视了。即便是一辈子钻研中国经典的大儒，也从未和中国人交谈过。一定有人觉得奇怪，但是确实没有地方教中文对话。

即使如此，日本的汉文学研究也相当具有深度。

进入明治时代以后，日本兴起学习欧美国家语言，特别是英语的热潮。由于当时的语言学家几乎都是儒学者，不可避免地造成了语言学习无声化的局面。

日本人是用眼睛学习语言的，根本不在乎读音。将"sometimes"读作"搜美提美斯"，"neighbor"读作"奈基波尔"。后来，日本人终于有所反省，开始使用正确的读音，搜美提美斯、奈基波尔成了不规范的英语读法。但是，人们对语言的听和说的兴趣并没有增加。按照日本人的性格，只要会念就行了。这样自然是学不好外语的。

重视视觉的大学教育

学校教育通常使用教科书，因此哪怕用无声的语言也可以完成教学。

大学课堂原本没有教科书，以老师授课的形式进行教学。然而，没有多少学者可以做到空手出现在教室即兴授课。教授们都是写好教案再去教室，在课堂上一段一段地念。准备教案不是一件容易的事，要是在上课前还没准备好，就只能停课，贴出一张"今日停课"的公告。这下学生就高兴了，三五成群地外出玩耍。有的教授一个月停课好几次，也没有人说不好，还会被视为有良心的学者。明明是欺世盗名的行径，却没有人批判大学的这种特权现象。

课堂上，学生把教授念的内容一字一句地写在笔记本上。考虑到学生要记录，老师会放慢语速，教案也不需要写得太长，正合老师的心意。

有一种专门用于记录的特制笔记本，被称为大学笔记本。笔记本是横写的，纸上还画了网格。好像连日本文学的课堂笔记都是横写的，没有人觉得奇怪，所以这个习惯一直延续了下来。

上面提到，学生记笔记的时候是横着写的，所以字迹很潦草。而笔记是考试时唯一的依据，所以懒惰的学生会借朋友的笔记看。

一个学法律的学生去找法学院教授请教记笔记的诀窍，这个教授是他的远房亲戚。教授告诉他，上课时要认真听讲，尽量不要记笔记。

学生半信半疑地照做了，在考试中取得了很好的成绩。从这个小故事中可以看出，学生对文字有多么强烈的执念。不过这些都是"二战"之前的事了，"二战"后有精力写教案的老师越来越少，大学笔记本渐渐退出了历史舞台。

但是，学校规定学生必须修满一定学分。对此老师们冥思苦想，终于想出一招。

名为"专题研讨"的学分课程应运而生，取代了老师讲课的形式。课程内容是阅读外国的研究著作，实质是外语学习，只不过挂了一块"专题研讨"的牌子。普通的研讨课只有两个学分，需要老师讲课的课程是四个学分，而老师完全不讲课的"专题研讨"也是四个学分。像这样欺骗世人明明是极其可耻的，然而"二战"后几乎所有大学都这样做，不这样做的只是例外。

如果学习是以文字为中心，那么成绩好的学生大多是视觉型、记忆力好的人。换句话说，不擅长视觉记忆便成不了优等生。有一种盛行的观点认为，听觉型的人即便作为艺人能够取得发展，可不适合从事智力型工作。这个观点非常奇怪，这种教育在世界范围内应该十分罕见吧？

日本人忽视耳朵听到的语言

明治时期，日本人创作了不少佳译，比如把"bank"译成"银行"，把"company"译成"公司"，可是却在"speech"一词的翻译上费了一番苦功。说到底，还是因为日本文化不重视耳朵。日本人绞尽脑汁，才想出"演说"这个译法。日本人之所以不善言辞，并非不擅长演讲，追根溯源是日本文化忽视有声语言。

就算是本应能说会道的政治家，也只有少数人擅长演讲。可以说，没有人认为说话水平的提升关系到政治家的发展。

大名鼎鼎的英国第49任首相撒切尔夫人在自传中写道，在自己还是一名中坚议员的时候，有语言专家指出她原本的嗓音听起来过于尖利，高了半个八度。于是她努力训练，成功将自己的声音压低。随着声音的改变，她作为一名政治家的信服力也提高了（本章开头提到的小笠原三九郎先生可以说是日本少有的演说家）。

据说罗马教皇厅表达过不满，称日本明明建了好的大学，信徒却没怎么增加。

这不是因为校方没有付出足够的努力，问题在于日本人的感知。多数日本人是通过文字知道外国宗教的，没有机会用耳朵认识上帝。

从很久以前起，日本便通过眼睛接纳宗教。当然也有讲经的形式，但是僧侣只是没有感情地念诵不知所谓的经文，很少有人在听完经文之后信教。好像过去曾有老人流着泪说真好，这种情景现在简直不可想象。

尽管有的僧侣念经念得很好，但毫不夸张地说，几乎没人有能力凭借念经打动人心。要是再不完善说给人们听的语言，宗教就危险了。

立志从政之人，也就是政治家在这一点上是领先的。他们能言善辩，尤其是女性政治家。知事和市长这类职位中接连不断地出现女性面孔并非偶然。男性政治家不能再稀里糊涂，要尽快掌握能打动人的语言技巧，否则就没有光明的前途了。

"耳朵听到的语言"不输给人工智能

现代社会的另一大问题便是人工智能的发展。许多知识分子默默担心,人类会不会在和人工智能的竞争中落败。甚至有的行业早早地认输,公布了裁员名单。预计今后这一趋势会更加明显。

虽然我没有精力思考应对措施,但是作为一个受过文科教育的人,为了努力不被人工智能打倒,我首先想到的是"耳朵听到的语言"。在处理文字和数据方面,人类目前几乎不具备与人工智能抗衡的能力,但人类在有声语言领域可以打败机器。

人类的智能本来就是耳朵先行。"聪明"二字把耳朵的智能(聪)放于眼睛的智能(明)之前,这本身就是了不起的智慧。人工智能似乎拥有令人畏惧的力量,但是眼下还没有入侵耳朵的世界。

此外,眼睛不善于发现有趣的事物,耳朵却对此很敏感。

我们今后一定会渐渐发现,耳朵听到的语言比机器的语言更加有趣。用耳朵听到的语言很强大。

文殊菩萨的智慧

"一个太多"

好事只能自己一个人做，和大家一起做反而做不好事情。

没有人这样教我，而我从年轻的时候起就这样认为，是典型的个人主义。

有一天我听到"一个太多"（one is too many）的说法，据说是美国的一句谚语。

我们曾经与美国对战，对美国抱有强烈的偏见，认定美国人的想法有问题，所以当我听到"一个太多"时非常惊讶，这才意识到自己以前多么愚蠢。

重要的东西不能只有一个。如果只有一个，这个若不行，就全毁了。有替代品才能让人放心，紧要关头也不害怕。如果有可替代的人，就不容易失去准确判断的能力……

虽然有点牵强，但我认为这是一种现实的智慧。直到看到"一个太多"，我才恍然大悟。

日本的知性孤立主义

日本人在思考问题时，总是以个人为中心。平时在生活中想和大家一起行动，但是在想问题的时候不会让其他人参与。一个人烦恼，一个人痛苦，一个人思索解决方法，并且会认为在禅寺打坐是一个很棒的选择。

对有志于做学问的人来说，最理想的方式是造一间朝北的书房，独自在里面埋头思索。有一句谚语叫"与其在乡下做学问，不如在京城睡午觉"，讽刺的就是以前做学问的方式。书房派的追随者没有理解其中的意思，该谚语本身便不再流传了。

也许正是因为这样的知性环境，才使我们失去了很多东西。我们断定，无论什么都是专业的最好。正因为我们要求纯粹，所以当"水至清则无鱼"时会觉得莫名其妙。

日本在任何事上都效仿外国的做法，却在远古时代就有知性孤立主义了。孤高理所当然地受到尊重，却与大发现、大发明无缘。知识没有走出书房，学者整天泡在研究室里，实验室里的学者甚至不知道日本正在打仗，还将此当作佳话流传，这是多么不幸。

学者、研究者和思想家必须丢掉孤立主义的信仰，然而他们没有反省这一点的能力。

辩证法的难点

在人类的世界里，一个太多，两个是基本。一个人不够，两个人才开始有人的样子。

即使是说话，一个人自言自语也不正常。有谈话的对象，两个人进行对话才是最基本的。

但是达成"二"是很困难的，一加一不一定是二。很多时候因为争执不下，相互抵消，反而会变成零。人类的烦恼就在于一加一没有结果。

鉴于A和B一旦对立便会引发争执，造成同归于尽的局面，所以人们想出了规避这种情况的方法。

在正反双方发生矛盾的时候，创造第三个命题能够综合正反双方的意见，让双方停止互相消耗。正反双方会放弃自身的立场，达成统一。这就是正反合的辩证法。虽然是一个了不起的发现，但是热衷争吵的人不擅长运用辩证法。人类喜欢竞争，因此辩证法的文化迟迟没有发展起来。与辩证法不同，孤立主义容易导致零结果，常常会引发恶性竞争，也很少成为文化创作的理论源泉。这对人类来说是莫大的不幸。

如果这是一个辩证法通行的社会，那么世界就能走向和平与繁荣。辩证法是未来的希望。

文殊菩萨的智慧

一个人太多，两个人容易演变为恶性竞争。陷入困境的时候，三人成群就能创造出新事物，因为三个人能发现有意思的事。

举一个具体的例子。虽然是私事，我还是要说出来。

大学毕业后，我的第一份工作是在公立大学的附属中学当老师。我怀着小小的憧憬开始了教师生涯。让我惊讶的是，这份工作一点意思都没有，而且净是一些令人厌烦的事。学生一点也不天真无邪，仗着父母的社会地位为所欲为，完全不把老师放在眼里。

很快我就打算辞职。不管怎么说，毕竟刚来没多久，我没有下定决心辞职，但是忍受绝不是一件轻松的事。当时的我就像一具行尸走肉。

一天上完课后，我不想立马回办公室，便站在教学楼之间的连廊中呆呆地望着天空。同一年进校的国语科的朋友和我打招呼，我把自己的困境如实告诉了他。他没有给出答案，只说自己想要跨界学习。我二话不说就同意了他的提议。两个人不够，我们想再找一个人，于是问了负责中国文学的同事。他同意了，我们的学习会就此成立。

我们约好，一个月一次，在某个周日轮流在一人家里举行学习会。午饭吃寿司外卖，内容围绕学习进行自由讨论，傍晚结束。

开始之后我们发现颇有意思，出乎大家的意料。三个人说着说着就停不下来，不仅到傍晚结束不了，吃过晚饭仍不尽兴，一直聊到快赶不上末班电车。我好像突然醒悟了，很快就辞掉了工作。

学习会的内容是闲谈日本学、汉文学和西洋学，我们老老实实地给它起名叫"三人会"。

这个学习会持续了三十多年。三十多年间，就算我们三个人的工作地点分散在东京、金泽和广岛，也没有暂停活动。有人到了东京，其他人会排除万难抽出时间，聚集在东京的酒店彻夜畅聊。我们似乎都觉得，"三人会"改变了自己的人生。

我们都在各自的领域做了别人不会做的事。

不知道从什么时候起，我因为"三人凑在一起，可顶上文殊菩萨的智慧"①联想到了"三人会"的欢乐时光。太不可思议了。

似乎三个人各自的专业必须不同。和同专业的人对话，动不动就会变得小心翼翼，想到什么好点子也总是犹豫再三，不知道要不要开口。只要想象自己是一群鸬鹚中的一只乌鸦，就可以口无遮拦了，这才是最有意思的。

事后仔细一想，这些高谈阔论确实包含崭新的观点。

---

① 相当于中文里的"三个臭皮匠，顶个诸葛亮"。——译者注

这种事发生过好多次，真不愧是"三个臭皮匠"。

领先世界的日本座谈会文化

创立《文艺春秋》的菊池宽明确指出，座谈会的有趣之处在于来自不同领域的人在没有明确目的的情况下密切交谈。尽管直到今天也没有人说起，但菊池宽是第一个把座谈会报道写进杂志的人。对于一切都模仿复制西方的日本而言，这是非常了不起的举动，但奇怪的是人们至今不愿意承认这一点。

令人遗憾的是，明明是难得的独创，却因为其他人接二连三的蹩脚模仿逐渐失去了光芒。

座谈会报道通俗易懂，传达了各种观点，新思想层出不穷。如果说两个人对话体现了辩证法，那么座谈会则充满了幽默感。智趣未必是日本文化的强项，但座谈会在这一点上具有世界性的意义。

如果外国对此不屑一顾，那就在日本人中培育座谈会文化。俳句终于引起了一部分知识分子的注意，而座谈会文化在趣味性上丝毫不亚于短诗类文化。

过去，日本盛行过井边会议。我们不妨思考一下，应如何引领和谐与欢笑的文化。

与讨论不同，闲聊可以创造出温暖人心、富有智慧的乐趣，也能产生不同于人工智能的趣味。

英国的学术社团

英国是欧洲最早意识到闲谈的乐趣和创造力的国家。

十八世纪，新进口的咖啡在伦敦受到人们的热烈追捧，伦敦街头顿时出现了一大批咖啡店。顾客坐在咖啡店里读报、议论时事、谈论文学艺术，形成了社团。对话和闲聊便是社团的基础。

学术社团从中脱颖而出。

其中最知名的是月光社（Lunar Society）。每月的月圆之夜，成员们相聚一堂，住得远的人会骑马赴约。

伊拉斯谟斯·达尔文是社团的核心人物。他是一位名医，也是《进化论》的作者查尔斯·达尔文的祖父。他和国王还有过一段小插曲：国王想聘请他当自己的御医，却被他谢绝了，理由是只有国王一个病人太无聊了。

社团成员术业有专攻，这一点十分关键。

月光社的成员还有制造蒸汽机的詹姆斯·瓦特、发现氧气的化学家约瑟夫·普里斯特利、发明瓦斯灯的威廉·默多克。令人吃惊的是，日后推动工业革命的诸多发现和发明，都是从这个不足十人的社团诞生的。

毫无疑问，月光社的每位成员都很优秀，正是他们都坚持自己的个性，表达独到的学术观点，才能够在社团的谈笑中为全球的工业革命提供动力。

如果存在个人智慧，那么月光社的思想可以说是集体智慧的结晶。这进一步印证了"三人凑在一起，可顶上文殊菩萨的智慧"。

日本人不擅长这类问题，团体的思想发展缓慢，但他们已经意识到人多智广的道理。现在，我们必须考虑怎样发展集体智慧。

认为学习就是自己一个人读书的想法已经过时了。当各有所长的人们忘记自我，聚在一起聊天讨论时，集体智慧也在增长。许多人对学习或多或少感到厌倦，这是因为他们已经落后于时代。

与人工智能抗衡的集体智慧

并不是说要靠集体智慧与人工智能对抗，在发现新鲜有趣的事物这一点上，团体性谈话有助于人类达到智慧的最高水平。

但是仍然存在难点。在一个专业至上的社会，先不论两个人的情况，要召集三个或是三个以上具有特别能力的人非常困难，只能碰运气。

换句话说，最好有人充当催化剂。

A和B不能直接发生化学反应，但是有了催化剂C，它们就能结合生成新物质。实际上，我们还没有找到拥有这种力量的东西，但是只要用心去找，并非找不到。

人工智能的飞速发展让人恐惧，但人工智能终究是物理智能。

应该说，创造"文殊菩萨的智慧"的是化学智能。

仅凭个人思考很难发生化学反应，但当一群人一起，制造化学反应就不是难事。我们需要重新认识"文殊菩萨的智慧"。

语言的风格

"风格研究"

  事情发生在"二战"结束后不久。

  早稻田大学文学系的一名学生提交了一篇题为《风格研究》的毕业论文。负责学校行政工作的女职工看到这个题目之后,"噗"地笑出声来。据说那名学生因为自己的毕业论文被嘲笑而深受打击,尽管他后来成了早稻田大学的教授。

  女职工知道"风格"这个词,确切地说,她以为自己知道。她认为"风格"与服饰、时尚有关,所以当看到一名年轻男学生将时尚作为论文主题时,她很意外,忍不住就笑了。

  那时候,"风格"这个词和服装、服饰有关。即使在大学文学系,也只有一部分人知道文章有风格一说。文章也有风格,这一点超出了一般人的认知。

"文如其人"是一句名言(布封,十八世纪法国博物学家、作家),但是没有多少人知道,这里的"文"在法语中指的是风格。

文字的风格

虽说是以前的事,但也没有很久远。"二战"前,小学里有些教学内容比现在还进步,比如文字的写法。

小学里有专门教写法的课。所谓"写法",不是指如何写文章,而是如何拿毛笔写字。写文章的课不叫"写法",而叫"写作"。课程表上有教练字、写法的课,但是没有写作课。有时候老师会布置作文,然后批阅盖章,但我没有上过写作课。

上课就是拿笔一个劲儿地写字。当时的科目是读、写、算。

那时候,小学老师都写得一手好字,而且字体都是一个风格的。不过不是所有老师都是如此,只有接受过正式的教师培训、从师范学校毕业的老师，用当时的话来讲，只有本科毕业的正规教师是这样。从北海道、青森到鹿儿岛，日本所有小学的正规教师写的字都是一个风格。

所有小学黑板上的字都是一个风格，从黑板上的粉笔字就可以看出这个老师是不是正规教师。大学毕业的代课教师因为板书写得潦草，动不动就被孩子捉弄。

给小学一年级学生上写字课的时候，老师会拿一支大得离谱的笔，蘸满墨水写下ノメクタ①。这真是太好了。孩子们最早是通过老师写的字，认识到这个世界上有许多美好的事物。很多孩子也因此认为，老师比自己的爸爸厉害。

必须在师范学校经过五年的学习，才能成为本科毕业的正规教师。而书道是师范学校最重要的学习课程之一。

由于文部省制定了全国通用的字帖，所以通过老师的板书就能一眼判定他是不是代课老师。连乡下的小学里也有称得上书法家的老师。

因为有这些老师，孩子们也对文字的风格，即字体产生了兴趣。虽然老师会给出"写得好""字不错"的评价，

---

① 日本小学生在开始识字时，容易把这几个片假名记混，老师会在写字课上教授写法。——译者注

但是没有人使用"字体"这个词。然而，语言概念中最早成形的"风格"便是字体，比文体即文章的风格更广为人知。可惜的是，字体这个词没有流传开来。

文体的出现相对晚得多，以至于人们对"风格"一词的误解持续了很久。

尽管不多，学术界还是出现了一些关于文体论的论文，但人们通常很少对风格的问题感兴趣。

"Speech"无法翻译成日文

明治时期的日本完全模仿发达国家的文化产物。与后来的做法不同，当时日本把横写的文字（英文）一一翻译成了汉字。当时英国文化学者的汉字造诣颇深，创作了不计其数的佳译。

比如，把 bank 翻译成"银行"，是由"银座"的"银"和"洋行"（外国商人设立的商行）的"行"结合而来，真是妙哉。连作为汉字本家的中国都借用了这一翻译。根据一位汉学家朋友的统计，像这样将英语翻译成汉字词汇再传到中国的例子有七百多个。

即便是在明治时期的日本,学者在翻译单词时也花了一番心思。在翻译"speech"一词时,苦于找不到合适的词,学者绞尽脑汁才想出"演说"这一译法。可"speech"和演说终究是两回事,不属于演说范畴的"speech"就没有对应的翻译。

日本没有"speech"的文化,学者迫不得已才把它译成"演说",这一文化在日本始终没有发展起来。即使在今天,也只有很小一部分人擅长演讲。

有一次,一位擅长演说的美国总统收到一个三分钟演讲的请求。他是这样回答的:"如果是时长两个小时的演讲,我现在就能开始,但如果只讲三分钟,至少得给我一晚上考虑的时间……"

可见发表演讲,尤其是简短的演讲有多困难。

尽管近代日本什么都模仿外国,却还是学不会演讲。"二战"结束后,在酒店举行婚礼成为潮流。在这类婚宴上,演讲是必不可少的环节,总有几位嘉宾要上台讲话。

不知所以的来宾听到"说两句"的要求,二话不说就答应了。他们上台后滔滔不绝地说着漫无边际的内容,多次表示"最后我想说",却仍旧没完没了。

厨房里的厨师们忍不住了。

一个厨师说:"speech 和 skirt(裙子)都是越短越好。"厨师长听了总结道:"要是没有就更好了。"当然这只是个笑话。

口语也有"语体"

正如文章有文体,每个人也有自己独特的说话风格,也就是"语体"。即便在英语社会,语体也很少受到关注,更何况是有些轻视演讲的日本。因此,研究语体的人会被当成怪人。

与人交往不可能不进行对话,这时候用的是口语。讲话时用的语体自然比文体更重要,但是日本历来只重视文字和文章,忽视口语,也难怪不会针对语体进行研究。

人一旦说些复杂的事情,就会不知不觉变得情绪化,搞不好还会发生口角。这样的情况并不罕见,原因就在于没有建立语体。

很显然,如果有更多人愿意将用在文体上的一半精力用在语体上,世界将更加和平。

外交官似乎比一般人对语体更感兴趣，尽管他们说的话被不客气地称为外交辞令，但外交官厉害的地方在于他们可以圆满地解决谈判桌上的难题。

"官腔"的风格

语言总是慢慢地朝着平等化的趋势发展。上级对下级、长辈对晚辈发号施令式的措辞越来越不受欢迎。

曾经有这样的公告：

不得上堤
警视厅

起初很少有人反感，但随着普通民众开始抵触这一措辞，警视厅的口吻有所软化："请不要登上堤坝"。

但是这样不够威严，所以又颁布了如下奇怪的禁令："切勿入内"。

不知道是不是因为不适合对市民发出这种警告，最近几乎看不到这样的告示了。

学校方面也开始礼貌对待公告的接收者，命令性的指示越来越少了。

类似"务必在××时××分集合"的说法已经落伍，变成"应在××时××分集合"。

后来，指示的语气变得更加柔和："让我们在××时××分集合"。

听说有一些学校在公告栏上写"××时××分集合好吗"，这恐怕是编出来的。也许最新的形式是"××时××分集合"。

一直以来，沟通理论只把信息的提供方作为研究对象，因此存在不完备的地方。我们必须关注信息的接收者。政府机关从不考虑接收者，因此永远摆脱不了"官腔"。

不过，政府机关有时也会考虑接收者。有一件并非久远的事，最早将邮政信件中对收件人的称呼由"××大人"改为"××阁下"的就是地方政府。

敬语的风格

对做生意的人而言，顾客至上，他们向来重视客户，也就是接收者。他们会使用礼貌的措辞，并且经常使用敬语。可以说，尊重对方不仅仅是商业传统，也是日本文化的特色。

言辞过于直白会不礼貌，所以要用敬语包装。只包装一层是不够的，多包几层才显得注重礼节。

因为提供方重视接收者，所以不至于直言不讳。用礼貌的语言包装，将真心话藏起来才是合乎礼节的做法。

这样一来，表达自然变得暧昧。要是说话直截了当，虽说容易理解，但是会冒犯对方。正是因为很多人这样认为，敬语表达才得以发展壮大。在这一点上，日本领先于欧美国家。没必要因为被外人说表达暧昧不清而感到羞耻。暧昧是为了表达敬意，是示好的一种方式。我在前面也讲过，只有不理解日本文化的人才不想对不愿尊重的人用敬语。

　　—Good morning, Bill.
　　—Good morning, Jack.

常怀敬语之心的人听到这样的英语对话会觉得过于露骨。为了避免说得太直白，至少要去掉其中"Bill""Jack"

这些称呼。

虽然这样会使表达变得暧昧，但是日本人并不担心。

说得太清楚容易引起麻烦，如果委婉一些就可以避免冲突。应答的风格难免会因此变得委婉和微妙。在有这种想法的一群人之间，逐渐形成了讲究的接收方式。我们不必为日本人习惯暧昧化表达的悠久历史感到羞愧。

"阅读"的风格

读书也是在接收信息。

可是读者没有属于自己的接收风格。最理想的情况是读者和作者完全融为一体，但这不可能实现。

即使读者拥有自己的接收风格，也无法百分百理解作者的意图。误读和误解是不可避免的，成熟的读者必须有自己的阅读风格，最好对这一风格心中有数。

如果读者不考虑这些问题，那么即使读书有助于学习知识，也很难提升个人才智。有心的读者能借助富有想象力的理解创造出新的文化，而缺少接收风格的读者会使模仿成为读书和学习的终点。

日本人很谦虚，讨厌不合时宜地坚持自我。富有创造力的解读是产生新价值的有力抓手。

在一个几乎无法尊重接收者的风格的社会，建立自己的接收风格并非无关紧要。

可以说，我解读，故我在。

是站着，还是躺着

公文横写令

"肯定是横着写、横着读好。你看眼睛就是并排长的，所以前提是横着写、横着读……"

在讨论日语横写利弊的闲聊会上，一位英语教师发表了上述观点。他的英语语法著作非常知名，因此不能对他的言论一笑置之。似乎有人并不认为将日语和英语相提并论有所不妥。

昭和二十七年（1952年），日本政府颁布内阁训令，要求公文一律从左往右横写，这令普通民众感到惊讶。

更改书写方式是为了简化办公，因为用打字机打竖写的文字很麻烦。为了使用英文的打字机，横写更方便。这么做欺人太甚，更过分的是，他们根本不觉得日语重要。

当时的民众因为日本战败，对一切都失去了信心，乖乖地听从了政府的安排。这是无可奈何的事。

平日里无论"官府"做什么报社都要抱怨，这次却几乎没有提出反对意见。或许有读者以为会出现横排的报纸，但其实报社都很聪明。

他们知道若是发行横排报纸，读者人数很可能会锐减。

杂志社也没有听从政府的安排。政府公文改为横写之后，没有一家媒体效仿。

官员们不明事理，对横写有利于提高办公效率这种毫无根据的歪理信以为真，硬是要让站着的文字躺下，手段残忍且满不在乎。然而做生意的人不会上当，媒体也不敢尝试横着写、横着读，此后的七十年始终如一。

有从事印刷工作的人向我表示，因为不赞成政府推行的横写，所以不会改变文字的排列方式。日本的印刷铅字全部是全角，即正方形，纵向排列的铅字也能直接横向排列。

而英文字母铅字的宽度各不相同。"m"是英文全角字符的宽度，"n"是"m"的一半，"i"是"m"的四分之一。

因此就算突发奇想，让它们竖着排列也无法实现。从来没有人冒出这种荒唐的想法，以后也不会有。（有意思的是，或者说奇怪的是，公文横写令出台后直到今天，政府公报仍是竖排的。也许政府公报不属于公文，一般民众不懂这种事。）

日语为竖写而生

虽然这是我的一己之见，但我认为日语的文字必须站着，因为本应如此。

我们阅读文字时，依据的是一条与视线垂直的线。

一、
二、
三、

不能横着排列，因为会很难辨认。欧洲的语言也是一样，就好比Ⅰ、Ⅱ、Ⅲ是横着排列的，即便打印机失灵，人们也不会竖着排列Ⅰ、Ⅱ、Ⅲ。

换句话说，对适合横着写、横着读的语言而言，竖线是生命。英文字母遵循了这一道理，以垂直于视线的线区分文字。比如 noon 加一条竖线就成了 moon。而日本汉字中的日和月、鸟（鳥）和乌（烏）的区别是一条横线。

可以说，横写和横读日语违反了这一普遍原理，是不应出现的。

不管是崇洋媚外还是无知，让本该站着的日语躺下来，还对此沾沾自喜，真是可笑至极。在这件事上媒体踏实可靠，他们重视读者，没有被这种想法侵袭。

再后来，不知道是不是为了追逐潮流，有一所一流大学入学考试国语科目的试卷采用了横排印刷，几乎没有人对此表示赞同。横排日语的做法招人讨厌，却很少有人思考为什么。我不希望是因为大家不够重视语言，但若是有高尚思想的有识之士不懂得语言的原理，对社会来说并非光彩之事。

近视与横写

"戴眼镜、背着相机的就是日本人……"

以前欧美国家流传着这样一个黑色幽默，日本人自己却不知道。为什么越来越多的日本人近视？虽然我不是一个喜欢思考的人，但其背后确实有明确的原因。

大正时代（1912—1926年）末期，《袖珍英日词典》问世，迅速成为全日本的畅销书，甚至有一些初中生觉得没有这本词典是很丢脸的事。

词典虽然小巧，但是收录了很多词汇。当然，它采用了特别的印刷技术。首先，词典上的字很小。据说出版社为了在狭小的纸面上印刷更多文字，让字的笔画尽可能细，新造了竖长的铅字。不少不明所以的中学生对此颇为满意，结果近视人数急剧增加。没有人怀疑词典与近视之间的因果关系，然而外国人一眼就发现了。

我上中学的时候没有用过这本袖珍词典，因为我们的英语老师指定了一本字号很大、适合中学生使用的《英日词典》。

导致我视力下降的决定性因素还是横排的日语。毕业后我没找到工作，只能在月刊杂志社从事编辑工作，一个人包揽所有的活儿。明明还做不好校对，每个月却要校对几万字八磅值的铅字。

我的近视度数一下子加深了，眼镜也换了好几副。

有时候我会接到校对竖排校样的工作，做起来开心得自己都不敢相信。

几乎是无意识的，校对横排的日语文本时我的视线不是水平移动的，而是从上往下竖着阅读，就像用菜刀切萝卜一样自然。如此一来校对横排的文本自然很累，视线总是不由自主地往下方的字移动。

为了防止视线下移，我拿了一把尺子放在正在校对的那行字下面。虽然这样做之后轻松了很多，但是我始终坚信，校对横排的日语绝对是不合理的。

我写了一篇文章试图获得眼科医生的支持，但没有得到任何回应。在此期间我已经看不清大多数东西了，对此我有很多怨言。

心理和生理的问题

如果有人觉得竖写的日语比横写的日语读起来更舒服，那么这种感受应该得到尊重。

就算是小学生，相较于横写的理科教科书，也会更喜欢竖写的教科书。尤其是女老师中有不少人觉得横写与日语格格不入，令理科课程减少了很多乐趣。

虽然媒体对横写、横读持谨慎态度，但支持横写的年轻记者似乎蠢蠢欲动，在小小的专栏报道等版面上使用了横写。不过到目前为止，还没有听到明确的反对声音。

在短歌和俳句的世界里，特别是在俳句出现横写的名句之前，媒体大可放心。

是竖写还是横写，对日语来说不是文化传统的问题，而是心理和生理的问题。

第三章
传达的技巧

巧妙的措辞——敬语

敬语之心

是不是日本战败后,日本人都变得不正常了?连大人物也会说出荒唐的话。

"如果当初规定法语为国语,就不会变成现在这样了吧?"

提出上述观点的不是街头巷尾的年轻人,而是一位大作家。脾气好的人说不定会当真。当时很多人都仓促地认定日语不好。

这个时候,一个年轻人发表了一篇批评日语的文章。

文章的中心思想是"我对不尊敬的人不使用敬语"。意思是,他几乎没有尊敬的人,所以不用敬语。

他的另一个论据是:"外语中没有敬语一说。过度使用敬语是社会发展落后的表现,学校里的教授也是这么说的。我认为敬语是过时的语法……"

老师自己尚且对外语一知半解,只是说一些毫无根据的话,结果天真的学生信以为真了。

英语等外语的语法里的确没有敬语这一门类,但是有相当于敬语的丰富的表达方法。有教养的人不会说粗鲁的话,绅士和淑女都具备使用礼貌用语、优雅措辞的修养。

"走着去吗?"

这是只会对儿童使用的说法。

"你是走过去吗?"

这样表达语气便会柔和很多。

"你走过去也没关系吗?"

这是成年人的说法。

"不好意思,能请您走过去吗?"

这样表达会使礼貌程度迅速提高。

仅使用一个动词会给人留下粗鲁的印象。同样的事如果用疑问句的形式表达会显得更有礼貌,若换成日语中的否定形式,则会使语气更加柔和。

在英语等语言中是有敬语之心的,类似的表达不是通过敬语而是借由修辞体现。这在以前叫修辞学(rhetoric),但是在印刷文化的影响下,修辞学的力量逐渐衰弱,礼貌性的书面语言失去了影响力,不过敬语之心并未完全消失。

在"受语言神灵保佑"的日本,文字和口语是各自发展的。口语的措辞和修辞独立于书面语的语法,并不断发展。到了今天,或许只能说曾经非常发达。

敬语不是为了别人

按理说,和地位对等的对象交谈时用普通词汇就可以了,但是日语中一般不使用原始的词汇,不会直接说:"去吗?"

不客气地招呼对方会显得很粗鲁,而且从听感来说,人们通常认为突然冒出不加修饰的动词很不礼貌。

"你去吗?"

"您前去吗?"

"您会莅临吗?"

"有这个荣幸请到您吗?"

像这样说话,语言就有了温度。敬语体系就是这样发展壮大的。

也就是说,不是因为尊敬对方才使用敬语,而是为了让自己的话被人顺利接纳,才给语言加上美丽的包装。敬语的生命就在于此,而不在于是否尊敬对方。让对方更透彻、更顺畅地理解自己表达的内容,才是敬语的本质。敬语不是为了别人而说,而是对自己有利。

若是不明白这一点,就会误解敬语的本质。

敬语不是用来表达对对方的敬意,而是为了更容易地博得对方的好感,存在利己成分。缺乏语感的人会忽视这一点。

最现实的做法是,通过称赞夸奖对方、贬低自己来躲避对手的攻击,转移矛头。

在不需要自我防卫的地方没必要使用敬语。亲密的朋友之间若是使用敬语,反而会很奇怪。

兄弟姐妹之间使用敬语的情况并不常见,但若是对外人,先使用中等程度的敬语试探一下是常识。

做生意的人通常能说会道。以前人们都说,生意人"会说话"。顾客听到对方对自己使用敬语,高兴之下甚至连不需要的东西都买了。

官员和警察很少使用敬语,因为他们很少需要保护自己。

以前政府机关似乎看不起普通民众,也可能是有意摆架子耍威风。原本通知书上对收件人的称呼是"××大人",以此表达敬意。

然而随着公务员长期称呼居民为"大人","大人"一词承载的价值下降了。迟钝的官员没有注意到这一点,但位于商业发达地区的人们已经提出了异议。

新的风潮率先从地方开始推广。地方政府机关争先恐后地弃"大人"而从"阁下"。大城市大概太迟钝,在这一点上落后了。

原本"大人"是比"阁下"更高级的尊称。"阁下"比较女性化,而"大人"比较男性化。

"二战"前后,父母,特别是父亲给自家孩子写信会用"大人"的称谓,不过其中的含义与现在的"阁下"不相上下。

不想对不愿尊敬的人用敬语,这是小孩子的逻辑。语言背后藏着更加微妙的心理,年轻人对此必须有所了解。敬语有其自私的一面——自古以来就是利己的。但是在经过漫长的历史后,敬语的本质已经被遗忘了。

考究的谦让语

通过捧高对方来表示敬意,这很容易理解,而借由贬低自己来尊重对方,则需要发挥高超的语感。

小孩子在别人面前不可能称自己家是"寒舍"。

但是懂事理的成年人会说:"敝舍实乃寒舍。"

"我家就像一个小宫殿",说这种话的人一定不正常。就算真是精美气派的房子,也要说成"蓬荜""小宅""寒舍"。

也就是要撒谎。

这才是尊重对方。

如果所谓的尊敬语是通过不切实际的赞美向对方表达敬意,那么反过来,贬低自己或跟自己有关的事物,就相当于在称赞夸奖对方。谦让语就是基于这种心理产生的。毫无疑问,谦让语也是敬语的一种。

自己的孩子即使是天才,也要称"犬子"。还有人更过分,用"豚儿"这个词称呼孩子。此外,在任何时候都不能夸奖自己的妻子,不管妻子多么聪明能干,丈夫都要按照惯例称其为"贱内"。

"二战"后，敬语的影响力减弱，"豚儿"和"贱内"这些谦让语便不得不消失了。

自从谦让语开始引起人们的反感，整个社会都变得傲慢了。越来越多的人说话时目中无人，社会风气也变得野蛮粗暴。但在讲究语言品质的地方，谦让语还没有被舍弃。

年轻人抵触"敝店为您……"的说法，改为"本店……"，结果，上了年纪的客人听了很不满（心想有什么了不起的）。

公司在给股东的报告上必称自己为"小公司"，哪怕大公司也是如此。即使是语感很差的地方，也不至于自称为"本公司"。日本企业明知道在这种时候美国企业会说"我的公司"，却不会进行模仿。

这种说法不是在一味贬低自己，而是知道这样做相当于捧高对方。正因为如此，谦让语才会成为敬语的一部分。谦让语源于考究的语感。

当社会发生急剧变化，这种微妙的语感便不复存在，旧的说法将逐渐被社会淘汰。

在"二战"后的混乱中，这种微妙心理的消逝是不可避免的，但是模仿外国将敬语视为眼中钉是有问题的。

懂得谦让心理与尊敬心理的关联，是一个人成熟老练的标志。

但是，贬低自己不仅是为了称赞和捧高对方。谦让语的语感在于，通过贬低自己不动声色地博得对方的好感。小孩子和幼稚的人不会使用谦让语，因为他们没有这一能力，是直言不讳的"一根筋"。有心人不会犯这种错误，而总是说贬低自己的话，以表现自己是一个温文尔雅、明白事理的人。自谦不代表不尊敬对方，只是不要忘了自谦背后还有保护自己的含义。换个不讨喜的说法，敢于自谦是因为足够自爱。这其中蕴含着考究的语感。

措辞高雅指的是语言温和并懂得说反话。

日本在这方面似乎比其他国家做得好。可以说，谦让语为"以和为贵"的思想提供了土壤。

郑重语是包装纸

熟悉了英语这类简洁的语言后，会觉得日语极富装饰性。

明明可以直接说"酒"，却要在前面加一个"お"（御）字；不直接说"午饭"，而是在前面加一个"お"字，只因为听起来更文雅、顺耳。借由这种感觉，日本人创造出了敬语中的郑重语。郑重语是女性化、富有感情色彩的用语，男性一般不使用，但有时会在"酒"前面加一个"お"字。

郑重语以"お"字为核心，不过日语中的汉字词不使用"お"而是用"ご"（御）。比如表示庆祝仪式的"祝儀"，虽然有时候也会说"お祝儀"，但是说"ご祝儀"更符合习惯。

不知道什么时候形成了一条规则——咖啡、葡萄酒、果汁这些外来词前面既不加"お"，也不加"ご"。不过有的女服务生喜欢用美称，于是在啤酒、果汁前加"お"字也不怎么奇怪了。

在很久以前，人们就不觉得在"タバコ"（香烟）前加"お"字奇怪了。可能是因为它也被写作"烟草"，不像一个外来词。

这些美称，也就是郑重语，可以比作包装纸。即使是不值一提的东西，只要包装得漂亮一点，它的社交价值就会增加。以此为目的的过度包装越来越常见，引起了一些人的反感。我们可以理解他们对郑重语的态度，但是不应该因此对郑重语敬而远之。

丰富的敬语体系

可以说，日语的多彩之处就在于包含如此复杂的心理。

若是不加修饰地表达，对方或许无法接受，而用敬语表达，对方会出乎意料地爽快接受。

敬语或多或少地暗示我们，面对具有攻击性的对手，使用用敬语包装过的语言，也许可以避免冲突。"对不愿尊敬的人不用敬语"只是小孩子的逻辑。

敬语是提高传达效率的有力修辞手段。姑且不论日本人该不该自豪，显然是不应该感到羞耻的。

暧昧（上）

"吧"（であろう）的美学

"二战"后，一位优秀的物理学家从英国来到京都大学。他是难得一见的日语高手，可能是受邀而来。在日期间，他帮助日本研究者解决了英语论文中的众多英语问题，后来成了闻名世界的学者。

他曾在日本物理学会的会刊上发表了一篇题为《无法翻译的"吧"（であろう）》的文章，震惊了全日本的学者和研究者。

原来，在日本人写的论文中，会接连不断地出现"吧"这个字。"吧"不适合出现在论述严谨的学术论文中，他这是在控告"吧"无法译成英语。

日本的学者和研究者非常惊讶。"吧"是他们一直以来习惯使用的句尾词语，没有什么特别原因。表示肯定的词语"である"（是）给人傲慢的感觉，少了些情趣。用"吧"蒙上一层神秘的面纱，句子就变得低调稳重多了。他们不是因为缺乏自信而有意模糊，只是希望借此让语气变柔和。学界自此陷入了恐慌，"吧"这一表达很快从人们的视线中消失了。

其他科学类专业的人听闻后，也不再使用"吧"这个词。"吧"从此退出了科学领域。

其实这是英国人的误解。

日本人用"吧"，根本不是因为没有自信而避免做判断。用"である"下定论，总让人觉得有些无趣且没修养。为了避免产生这种印象，日本人采用"吧"这一更柔和的说法。科学家们忙于专业研究，没有更多精力关注语言心理。

"吧"是修辞问题，不涉及语法。因为有一部分人本来就不关心这些事，所以这个问题没有引起广泛注意。

对于日本人来说，比起断定"A是B"，用"A是B吧"

来缓和强烈的主观判断更让人觉得踏实。

鱼更喜欢浑浊的水而不是清水。语言也是如此，只讲道理会过于死板，最好加几分朦胧，好比光着身子不成体统，要穿上衣服。我觉得这是理所当然的，因为诚实的话语会让人觉得粗鲁。

过去，日本被称为"受语言神灵保佑的国度"，裸体的语言神灵会为自己穿上衣服。既然要穿就要穿得美丽，修饰语因此发展起来。

要是断定"A是B"，接收者就没有了解释的余地。不允许别人参与自己的想法，这样的语言注定是无趣的。

"A不是C，也不是X。"

像这样莫名其妙的话容易引起听话人的注意和兴趣。在看不清本质的时候，"暧昧"会让事物变得有趣。

沉睡的"暧昧美学"

在欧洲，从古希腊时期起，"暧昧"就被认为是恶魔，这一看法从未改变，也没有哲学深入研究过暧昧美学。

到了二十世纪，欧洲发生了不寻常的变化，欧洲人开始认可暧昧美学。这起始于一位叫威廉·燕卜荪的青年。

他原本是剑桥大学数学专业的学生,后来转投语言心理学家艾弗·阿姆斯特朗·理查兹门下。

燕卜荪发表了论文《朦胧的七种类型》,其中的发现颠覆了西方人两千年来的观念。

固执的欧洲人无法接受他的观点,但"受语言神灵保佑"的日本人很快做出了响应。

燕卜荪受邀来到东京,成了一名大学教师。

遗憾的是,热衷外国文化的日本人没能从燕卜荪那里吸收暧昧哲学和暧昧美学的精髓。

大约过了三十年,在美国南部的一个落后地区,诞生了继承这一文化的学派,名为"新批评派"。日本的英语文学研究没有从燕卜荪那里学到本领,却沉醉于新批评派的理论,这样实在有失体面。

不知道是不是因为"新批评派"的英文名太长了,人们无意中起了"新批"(New Cri)这个名字,轰动一时。可这终究只是模仿,新批评派在美国失去影响力后,日本的英语文学研究顿时偃旗息鼓,令暧昧美学沉睡至今。

没有"意义"的俳句

　　语言是否美丽、有趣，在很大程度上取决于它的多义性。语言的多义性容许人们的理解存在差异，因为多数语句都是多义的。领会日语的意思极其困难，每个人都要事先做好相互误会的准备。这种时候，语言只能变得暧昧。

　　语言若是不暧昧，就不会出现有趣的表达。

　　俳句是当今世界上最短的诗，暧昧就是它的灵魂。三十一个字的和歌历时千年才浓缩成十七个字的俳句，这不是偶然。

　　如果说俳句没有"意义"，肯定会有人反驳，但同时具备多种意思的表达方式的确是没有"意义"的，有的只是读者的"联想"，即有一千个读者就有一千个哈姆雷特。

　　再糊涂的老师也不会在入学考试中出题考查俳句的含义。人们往往无法断定暧昧语句的含义，特别是正确含义。

　　不仅仅是俳句，日语表达的意思大多不够精确。尽管很多考试里都有语文题，但通常无法出题考查语义，顶多要求进行"解释"。竞争性的考试不应该出语文题，因为很难对语言的解释判分。

俳句之所以别具一格，是因为它语义暧昧，没有明确所指。正因为难懂才有趣，正因为不明所以才有趣，我们不能对俳句追根究底。

暧昧之风盛行的国家

"二战"后，美国的畅销杂志《读者文摘》(*Reader's Digest*)准备在日本发行日文版时，出版商向日方翻译发出了指示。

美国出版商要求使用通俗易懂的文字表述。因为文章清晰明了、一读就懂，杂志获得了成功，一时间创下了惊人的销量。

然而好景不长，高销量没有长久持续下去，因为喜欢暧昧的日本人对它逐渐失去了好感。读者想要的是更加暧昧的文章风格。不知道是不是这个原因，通俗易懂的语言不再受欢迎，充满暧昧色彩的俳句在年轻人尤其是女性中掀起了热潮。因"俳句第二艺术论"而出名的人[①]对此感到羞耻。总之，日本是一个暧昧之风盛行的国家。

[①] 指桑原武夫，著有《第二艺术——关于现代俳句》。——译者注

跑题的乐趣

以前的事我不知道，但是我猜中小学和大学的课堂很难有趣。学生耐着性子学习是为了毕业，增长知识的想法让人觉得幼稚，只有变得比别人厉害才会使人心情愉悦，并且不得不为此做些无聊的事。大家都是怀着这样的隐秘心态，一步步走向升学的道路。

日本的教育，特别是高等教育，始于对欧洲的模仿。

"二战"结束后，日本教育改为美国模式，其中变化最大的是大学。

大学学制由三年改为四年，学生在前两年学习推行通识教育的人文课程，后两年学习专业课程。

原来的高中和职业学校并入大学的人文部门，而原来的大学老师负责教授专业课程。即使是同一所大学的教师，也被清晰地区分为专业课程教师和人文课程教师。从旧体制过渡到新体制时，似乎所有大学都因为人事问题而纠纷不休。最终，年纪大、专业上有建树的人负责专业课程，年轻人都被分配到人文课程。这样的安排引起了很多年轻学者的不满，也扼杀了新兴大学的活力。

负责教授人文课程的大学名声往往不好。不少学生说，包括英语在内的一些课程还不如高中。人文部门的年轻教师们总是在课堂上读一些不痛不痒的小说，导致大家对学校的评价越来越低。

我当年碰巧是负责人文课程的老师，教授英语。我觉得上课很没劲，学生完全没有学习的动力，只是为了取得学分才出勤。当时的我年轻且天真，费尽心思想开一门吸引学生的课程。

我后来发现，当我在课堂上谈论一些有趣和新颖的事物时，学生们便会哄堂大笑。若只是死板地跟着课本走，那么无论我怎么努力学生都毫无反应。一旦跑题，说些多余的话题，学生就会活跃起来，因一些无关紧要的小事而笑。

我懂了。我放下课本，开始跑题。即使到了下课时间没能及时回到正题，也没有一个学生有意见。不仅如此，还有学生从其他班跑来偷听，不是为了拿学分，只是为了听我跑题和闲聊。每年参加周五第一节英语通选课的学生人数都在增加，原本限制人数四十人的课堂聚集了超过一百个人。

学生们拿着当时刚开始流行的盒式磁带录音机在课堂

上录音并带回宿舍。那时候好像经常停电，晚上一停电，他们就会拿出磁带聚在一起以听录音为乐。跑题就是这么欢乐。

比如当讲到"路"（road）这个词，我马上就会跑题。最初"road"仅仅指路，而下雨天路面会变得非常泥泞，马车没法行进，于是人们花钱修建了石子路，使马车可以在上面通行。苏格兰人约翰·马卡丹精心设计制造了碎石铺的路面，后来被称作"马卡丹路"，也就是"马路"。修马路要花费很多钱，不是轻易就能模仿建造的。因为东京大学有地震仪，所以只有东京大学门前的本乡大道是用这种马卡丹路筑路法建造的。

马卡丹路是石子路，把石头换成铁，就是铁路（railroad）。连通横滨和新桥的第一条铁路也是跟英国学习建造的。

一旦像这样开始跑题，说话的人也会忘记时间。课本上的内容还没讲几行，下课铃就响了。作为老师会很有成就感，觉得既开心又有趣。但在为专业课程的学生授课时不能这样，所以上专业课时很无聊。

在我因为跑题而兴高采烈的时候，不曾想过为什么跑题如此有趣。

跑题时聊的内容之所以有趣，是因为没有条理。跑题就是在偶然情况下偏离了正题，而人做不到有计划地跑题。

人们通常认为不能在人群聚集的地方偏离轨道，一定要沿着轨道跑。

恐怕"有趣之事"只能在偶然的脱轨中发生。认真的人往往讲不出有趣的话。

暧昧才有趣

诚实认真的人大多追求真理，讨厌暧昧，抗拒说笑。这虽然知性，却少了情趣。理所当然地，社会文化高度评价了他们所追求的事实。人类历史证明，正是因为尊重事实，才让人得以演化为智人。

但是，人需要寂寞和欢笑，也想遇到有趣的事情。正是这样的欲望催生了"有趣"，这也是喜剧的雏形。

轮廓清晰的东西很美，而模糊不清、朦胧暧昧、具有偶然性的东西很有趣，且这一趣味更为纯粹。暧昧美学由此产生，这就是元文化（meta-culture）。

暧昧即是美的化身。

暧昧（下）

青苔文化与暧昧美学

我在年轻的时候，有十年左右的时间一直很迷恋英语，迷恋到几乎忘记了日语。但是，我读的日语书越多，就越觉得英语书没意思。

英语书再怎么读都很无趣，因为书里特别爱讲道理，内容乏味，缺乏情趣，不够雅致。

我为此很是烦恼，开始思考"情趣"这件事。英语的确过于直白，废话连篇，不如日语有情趣。这么一想，我又品味了法国和俄罗斯文学，发现它们比英语文学更加枯燥乏味。

我觉得还是风土的关系。我开始重新审视日本的语言和文化。英国文化比德国、法国的文化"湿润"，而日本文化的湿度比英国文化更高。也就是说，在这方面日本遥遥领先。

潮湿的气候孕育了重视青苔的文化。日本自古以来就有赞美青苔的语句，叫"直到巨岩长青苔"[①]，而英国也有与青苔有关的谚语"滚石不生苔"[②]。美国就算想模仿，也没有足够高的湿度，无论如何都接近不了青苔的美学。不知道他们是不是因此而生气了，总之他们把青苔视为不好的东西，认为有能力的人通常很活跃，跳槽也是上进的体现。

日本是青苔文化的开拓者。日本人不仅感谢青苔，对青苔的同类霉菌也青睐有加。现在，日本已经成为不折不扣的发酵食品大国。

不受传统束缚的美国更早发现了味噌和酱油的鲜美，不过这是"二战"后的事了。

强调青苔文化的英国向来认可青苔的价值，却没有发现霉菌的优点。换到语言表达上，就是英国人不懂暧昧之美。

---

① 日本国歌中的一句词。——译者注
② 意为在过于活跃的状态下难以获得好的结果。——编者注

自古希腊时代以来，暧昧就被认为是恶魔。两千年来，这个误解一直没有被消除。到了二十世纪，英国一位懂得青苔和霉菌之美的天才开创了暧昧美学，他就是威廉·燕卜荪。但很多欧洲人至今不认可暧昧美学。（霉菌还与青霉素的发现有关。）

日本最早认可了燕卜荪的成就，东京一所大学邀请年轻的燕卜荪前去授课。日本本应是暧昧美学出生的地方，但死板的日本人最终没能开创出暧昧美学。

后来，在极度干燥的美国出现了模仿燕卜荪美学的新批评派，但最终也没有取得成功。一度势不可挡的新批评派如昙花一现，消失得无影无踪。

日本人果真很迟钝，看到这一幕竟然无动于衷。不过即使说出来会显得无情，我也要讲明白。

虽然美国是一个处于干燥文化环境中的国家，但是它关注并且重视湿润文化。我们应该更多地认识到这一点。

如果没有暧昧美学，短诗型文学就不会发展，比如俳句和短歌。俳句之所以能走向国际，得益于美国的包容精神。

亚瑟·威利是研究东方美学的先驱，但他缺乏暧昧美学的意识。

他在将《源氏物语》翻译成英语时，不得不把里面的和歌全部删掉。俳句本应有望成为世界性文学，但由于美国人无法处理"季节词语"这一充满日本特色的表达方式，所以出现了似是而非的"俳句诗"。暧昧美学直到今天依然在哭泣吧！这不是与我们毫不相干的事，我认为日本人有义务确立暧昧美学。

首先，日本人必须亲手确立暧昧美学。不要一味模仿，而应培养引领世界的思维。

霉菌的价值

暧昧和霉菌一样，都产生于高温多湿的环境，干燥的地方不会生霉。日本可以制造出发酵食品，这是气候干燥的国家做不到的，因为这些国家很少有能够发霉的湿润环境。日本的发酵食品中最具代表性的便是味噌和酱油，但日本在文化上却没有成功利用"霉菌"做出"美味"。

"二战"结束后，驻扎日本的美国士兵发现了酱油的鲜美，回到美国后对其念念不忘，甚至掀起了一阵日本热。而日本人则把戒掉酱油和味噌，尤其是戒掉味噌看作一种进步,这么想实在非常幼稚。

在认可霉菌的价值方面,日本有着悠久的历史和传统,但肤浅的崇洋媚外心理似乎让他们忘记了霉菌的优点。霉菌有一种复杂而微妙的味道,虽然遭到人们的嫌弃,但是它的力量不容小觑。

小孩子理解不了复杂事物的优点,吃东西也只对甜、辣有反应。随着年龄的增长,我们不再满足于单一的味道,转而喜欢甜味和辣味混合在一起的口感。比起简单明了的态度,我们更喜欢复杂含蓄。

像年糕小豆汤之类的食物不单单需要甜味,稍微放点盐才是高级的做法。有时还会再准备一个盘子,加入一点辣味调料。

暧昧的温度

就语言表达而言,如果只注重坦率明了,多少有些不成熟。人们认为在考究的文化环境中,用必须说真话来为自己开脱,有什么说什么、有什么写什么是非常粗鲁的行为。

有一次,一个东京人拜访了大阪的一位社长,目的是获得一笔捐赠。社长仔细听完东京人的话后说"我考虑一下"。东京人说了句"请多指教"就回东京了。

等了很久，东京人一直没有收到答复，于是打电话问社长是否考虑好了。社长笑着回复："你得再好好学学。"

"我考虑一下"并不是想好了再答复的意思，而是"no"的意思。当着本人的面说"不"实在太没礼貌，所以才拐弯抹角地说"考虑一下"。东京人不懂世故，没有理解其中的意思。

暧昧的语言会给人温柔的感觉，因为它包含着对对方的关怀和体谅。说话太实在便显得没有人情味，而暧昧带来的温度能让人如沐春风。讲究语言品质的人不喜欢没有头脑的直白语言，这不是为了避开旁人的目光，只是有意为语言蒙上一层面纱。这才是美学。"霉菌"因此而繁荣，日本人欣然接受了暧昧的复杂性。

语言表达太直白，甚至引发争执，在这种环境中很难孕育文学作品。

通常，为了尽可能地还原事实，语言表达会变得冗长，而成熟的语言不忌讳省略和不连贯，推崇自然、简短的表达。暧昧文学的主题是省略，不喜冗长。

和歌和短歌有三十一个字,是世界上绝无仅有的短诗文学。对其进一步提炼,就形成了十七个字的俳句,它的基础便是暧昧美学。

美国人对不寻常的事物往往有浓厚的兴趣,因此想要尽快引进俳句。虽然他们付出了一些努力,但最终还是没能掌握俳句的真谛,只创造出了俳句诗。正因为没有暧昧美学的基础,才无法培育出风格简短的文学形式。

日本是暧昧美学发达的国家,但日本人几乎没有意识到这一点,对暧昧的理解尚不充分。

暧昧总是被误解。

体谅照顾对方本是一种文化的基础,日本人却逐渐失去了这一观念。

语言的价值

售卖语言

正如《圣经新约》中的"太初有道"(Beginning was the Word),语言是社会和文化的第一原理,先于一切。

不过,语言一直是免费的。任何人都能自由使用,自由表达。

语言的历史一直延续着,印刷术诞生后产生了许多印刷品,印刷的内容主要就是语言。

印刷需要技术和费用,原则上印刷品是收费的,不可能免费提供印刷服务。

语言催生出工作,虽说程度不高,但也成为经济活动的源泉之一。日语作为大量使用汉字的语言，印刷起来并不方便，印刷文化在日本发展迟缓也是不得已的事。西欧的语言仅靠几个字母组合就已足够，所以印刷术在西欧得到了迅速普及。

印刷品不能免费提供，需要定价销售。虽然规模小，但毕竟是一种产业。

售卖语言是前所未有的新想法。既然有人愿意花钱买，就必须思考该印刷什么。

在那个年代，除了《圣经》这样的教典，大多数人不想花钱买书。售卖新闻的新闻出版业最被大家看好，期刊应运而生。有人发现，即使是无聊的事件，只要有新闻价值就能成为商品，随即市面上出现了各种各样的报纸和杂志。十八世纪前后，在喜欢新事物之人的追捧下，欧洲的新闻出版业得到快速发展。

人们可以在咖啡店之类的场所购买和阅读报纸。刚出版的报纸最贵，随着时间的推移会越来越便宜。不过就算是过期很久的报纸也有买家，新闻出版已经成为一桩买卖。

这样一来，语言就不再免费了。语言被印刷出来便具有了商品价值，即新闻价值。

写新闻稿件的人并非义务劳动，写稿成为一份正式工作。

接着出现了一些撰写完整的故事、著作而不是为报纸或杂志写新闻稿件的作家。只要作品畅销，作家就能赚钱。可以想象，有越来越多人立志成为作家，但实际上没有那么多有才华的人。抄袭成功作品的现象泛滥，令作家们头痛不已。

为了遏制剽窃和抄袭现象，十八世纪初，英国最先制定了版权法和著作权法，其他欧洲国家纷纷效仿。现在有《世界版权公约》用以保护作品版权及相关商业利益。（很惭愧，日本在版权保护方面远远落后于发达国家。在"二战"结束前，侵犯著作权的盗版书籍长期在市面上横行。"二战"后美军进驻日本，才令日本把消灭盗版作品作为重要政策之一。）

以提供方为中心的出版活动

著作权制度确立后，出版成了一项产业。出版业的秩序是以提供方为先，接收者处于劣势，在卖方市场中这个问题无法引起人们的关注。只要接收者处于弱势，提供方——执笔者的优势地位就不会发生动摇。

但是，出版是商业活动。出版业正在发生令人难以抗拒的变化——以提供方为中心、提供方占优势的体制正在一点点逆转。尽管如此，出版和印刷文化还是全力支持着占少数的提供方。

随着接收者、消费者话语权的提高，商品的定价问题受到关注，很多商品都撤除了"定价"。但是出版业仍坚持着贵族阶级的想法，主张给商品定价。

原本就占多数且数量远超提供方及作者的接收者什么时候会觉醒？这是一个值得探究的问题。

多数表决原理是政治学中的一个概念，是一种暴力思维。在思考文化时，一定要谨慎对待迎合多数人意见的做法。不去思考多数意见引起的质变自然是不合理的，且提供方必须同时反省对接收者居高临下的态度。

仅有数量并不够，只有优质多量才能承担创造文化的任务。如果将政治上的多数表决原理原封不动地照搬到文化问题上，必然会发生根本性的混乱。

文化领域的多数表决原理能否创造新的文化？现在正处在一个关键的岔路口。

新闻出版业的问世

包括报纸、杂志、书籍在内，所有印刷、出版、销售的东西都是收费的。大学等地方教育机构出版的纪要是免费的，但制作纪要需要另外支付费用。

印刷语言的接收者就是读者，但在印刷技术尚未普及的古代，没有那么多接收者。以前的出版商为了拿到稿件费尽了心思。

据说在英国早期的印刷历史中，出版社会派人到法院速记法庭上的交锋，然后写成报道制作成"报纸"。因为做不到每日刊发，所以报纸发行后会持续售卖多日。报纸的日期越新，价格就越贵，随着时间的推移，价格会越来越便宜。这是商品价格变动的规律。

随着发行商的实力逐渐增强，出现了专门的记者，也就是专业的提供方。他们受到接收者的热烈欢迎，由此诞生了新闻出版业。

与写新闻报道不同，出版一本书需要书写手稿的作者，因此很早就出现了专业写作人员。出于某些原因，英国于十八世纪初颁布了第一部著作权法，从经济上保护作者。

英国文化的蓬勃发展在很大程度上归功于提供方受著作权法保护。

不可否认的是,期刊和书籍的出版培养了一群接收者,在他们的思想深处撒下了民主的种子。

尤其是来自苏格兰的人,他们借助出版印刷组成了一股强大的力量。受到语言的限制,苏格兰人在政治、宗教领域不能充分展现才能,但只要通过文章表达就不存在这一不利因素了。有意思的是,苏格兰的作者、编辑和出版商成了英国的一股重要势力。

日本也有相似的情况。明治时期以来,发表各种言论的人、作家,特别是出版商大多来自政治机会稀少的地区,这意味着最初的提供方是弱者。

但是,新闻出版业始终围绕着提供方发展,支持新闻出版业的接收者通常在弱者众多的地区拥有巨大的力量。

明治时期以后的新闻出版业也呈现出西强东弱的特征。虽然此时日本的政治中心已经东移,但西部的接收者更为强大。几乎所有大型报社的发展都离不开京阪神地区[①]的接

---

① 即京都、大阪、神户及周边地区。——编者注

收者，这不是偶然。

即使同为新闻读者，日本东西部之间也有很大差异。撇开东京不看，关东地区报纸的读者基础明显变弱。当时甚至有不订报纸的家庭，现在应该没有这种情况了。

相反，关西圈的读者基础很扎实。事实是，同时订阅不止一种全国性报纸的读者在日本全境的地域分布上是西多东少。这些年，有越来越多的声音说大众在远离报纸，同时阅读两种报纸的人肯定变少了，但还是关西人更重视报纸。

接收者的力量

报纸面向读者，拥有绝对优势，在行业中自诩"社会的木铎"。以前的读者听到这样的话并不会反感。

读者在换上收音机和电视的时候，可能没有意识到自身的力量。电波媒体没有把"社会的木铎"挂在嘴边，可以说是因为存在接收者。看来报纸的衰落与接收者力量的增强并非无关。电视的接收者基本都是消费者，此时即使称不上国王，也是年轻的王子，其力量势必越来越强大。

书的提供方和接收者之间的关系有些特殊，因为有编辑把两者联系在一起。

编辑的作用不仅限于审阅书籍，还要担起连接提供方和接收者的重任。日本努力模仿着西方的一切，却没有模仿编辑这项工作。

"二战"结束之前，日本只有极少数精英出版社拥有稳定可靠的编辑。大多数情况下，名为"编辑"的人没有真正承担编辑工作，往往被视为剪剪贴贴的工匠。

无论作者多年轻都被称为"老师"，出版社需要登门向作者收取稿件。除了立志成为作家的编辑，没有可靠的编辑。到处都是找不到其他工作，从学校里中途退学来做编辑的人。有的编辑被作者愚弄，要求其去拿稿件的时候顺便买包烟。除非愿望特别强烈，否则没人愿意成为编辑。

新一代编辑的出现是在大学纷争[①]发生数年之后。没有地方愿意录用参与该活动的学生，是出版社拯救了他们。新一代编辑自认为是有抱负的思想家，因为觉得难为情，

---

① 二十世纪六十年代，日本高等教育规模扩张过快，造成教育资源短缺、教育质量下降、大学毕业生就业难等一系列问题，导致日本高等教育界出现了"大学纷争"。——译者注

所以不会称作者为"老师"。不管对方是谁,都用"先生/女士"来称呼。他们在一开始就通知作者,要将完成的稿件送至出版社。

令人难以置信的是,年轻的作者因为害怕新一代编辑而不敢把想法写下来,提供方的权威被打破的情况越来越常见。

在这种氛围下诞生的图书,普通读者不可能觉得有意思。虽说越来越多的书中夹杂着一些道理,但是一点趣味都没有。出版社基本上都会经历这样的过程,最终不得不迎来产业的衰退期。

在这场纷争中,接收者的话语权一点点扩大了。曾几何时,被提供方和编辑的想法牵着走的"沉默的读者"开始发声,由此产生了畅销书。

有一本随笔集是在三十多年前出版的,在此就不说出书名了。这是一本脱离世俗主题的书,当然不可能大卖。尽管如此,这本书还是零零散散地卖出了一些,幸免于绝版。

过了二十多年,这本书突然又开始畅销了。据说契机是地方上一家大型书店里有一个特别的店员,在他的影响下大家会一起阅读学习文库本①。

读了那本书的店员如实写下感想,做成宣传立牌放在那本书上。牌子上写道:"我忍不住想,要是再年轻一点的时候遇到它就好了。"

也许是这句话打动了看到牌子的人,此书以惊人的速度大卖。书店告诉出版社这件事后,出版社在东京开展了同样的营销策略,引起了巨大反响,使这本书成为畅销书。

这其实源于读者的力量。无论是出版方还是作品本身,都为激发接收者的真实感受做出了努力,但使得此书大卖的是零售书店和店员的心声。接收者,即读者,虽然对作者和编辑的发声无动于衷,却能虚心听取同为接收者的声音。耐人寻味的是,比起提供方,接收者的胸怀更广阔。

因此接收者不必自卑。

毕竟消费的一方是接收者。无论说得多么伟大,编辑身为提供方并不属于消费者,因此不应该由他们号令天下。其实读者不是国王,而是温柔善良的鉴赏家。可以说,培养出有实力且心地善良的读者群体后,由此产生的新的印

---

① 外形小巧便于携带,以读物普及为目的的小开本书籍。——译者注

刷文化、新的思考有可能使社会发生飞跃式进步。

在文化和思想方面,由提供方作为主导的历史长期持续,导致提供方拥有的权力过大,接收者受到压迫。可惜很少有人反省这一点。在此我们有机会反思,究竟是什么导致了文化和社会的衰弱?

读者可以通过更高层次的再生产创造出新的文化,而不是囫囵吞枣地接受作者的想法。

很多人害怕人工智能,为了更好地与人工智能融合,提供方和接收者的融合不可或缺。

提供方聪明,接收者强大,人类就有进步的可能。

第四章
传达的理论

第四人称

偷窥者汤姆的传说

沿街的房子里传来人声,尽管声音不大,却让人不由得竖起耳朵倾听。也许有人觉得这很不礼貌,但很难在经过时装作没听到。

所有人都知道多管闲事很不礼貌,但不经意间被吸引也不是多么糟糕的事情,装聋作哑地经过反而奇怪。

从前,英国的一位地方领主因苛政闻名。他下令征收重税,领民们苦不堪言。领主夫人看不下去了,向领主恳求道:"请不要课重税。"领主听了说:"如果你敢赤身裸体地在街上骑马,从一头骑到另一头,我就答应你的要求。"

领民们感激领主夫人的恩德，到了当天纷纷关上门屏住了呼吸，不去看赤身裸体的领主夫人。

只有裁缝汤姆实在想看一眼裸体的领主夫人，忍不住悄悄打开门窥视了一下。

也许是老天惩罚他，汤姆失明了。后来这个传说流传了几百年。

其实不仅是汤姆，大多数人也一定想那么做。

不可思议的是，对自己来说痛苦至死的事情，在不相干的人眼中会变得有趣。为什么呢？历史上没有人深入探究这一点，只有汤姆不道德的事迹流传了下来。人的内心是存在黑暗的。

汤姆当然不是第一个看到不应该看的东西的人。从古至今，只要有人类的地方就发生过类似的事，不过这种情况比较罕见。

开始有诗人和故事作家着眼于此，创作以人类原罪为主题的作品。这样一来，像汤姆一样的人就不会受到惩罚了。他们对此感到满意并且很享受，也因此出现了许多有关这一主题的戏剧。

卡塔西斯

严肃的哲学家不容许赞美邪恶的戏剧或流行诗歌。即便作品是虚构的，赞美邪恶也是不对的。

希腊是西欧最早诞生虚构主义美学的国家，却敌视赞美邪恶的艺术及创造出它的诗人。希腊伟大的哲学家柏拉图拒绝将诗人纳入其创建的理想社会"理想国"。他的这一观点困扰了人们两千多年。

可即使是柏拉图也无法抹杀悲剧的美丽，只不过邪恶之花通常难以捍卫。艺术不得不永远背负反社会性的十字架。

从古希腊时期起，人们就开始为挽救诗歌而努力，亚里士多德的"卡塔西斯论"就是其一。由于后世没有新的发现，亚里士多德的"卡塔西斯论"似乎仅保持着微弱的生命力。

人类、人类社会会产生毒素。一旦积累起来会很严重，想要清除毒素并不容易。与其考虑查清毒素所在，不如增强它的毒性并将其排出体外。比如用泻药排毒，而诗和戏剧就是泻药。伴随着快感，泻药让体内变得干净。诗的功用相当于泻药，所以取名为"卡塔西斯"（意为净化）。这是一个很好的比喻，后世"卡塔西斯论"的支持者不在少数。

我从年轻的时候起就对悲剧和虚构小说很感兴趣，并且很快认同了亚里士多德的"卡塔西斯论"。不过与此同时我认为，这不是能用比喻来解决的问题，虚构美学的关键在于触及语言的本质。

"第四人称"的发现

我产生了一个疑问：我们是不是没有完全抓住语言的本质？日语对传达的关注度很低，全凭感觉。语言不是应该更宏大、更复杂且具有社会性吗？我的疑问是，是否因为我们掌握的只是其中非常非常小的一部分，才限制了语言的力量？

我开始想，是不是因为被局限在如此小的世界里而使日语语法失去了原有功能？日语语法没有固定的形式，第一人称、第二人称、第三人称之间没有明确的界限，单数、复数的概念也很模糊，人们总是习以为常地在应该用单数表示的地方使用复数。

日语被这种不完善的语法束缚，令人们愈发意识到无法用日语探究虚构小说和诗歌的本质，于是有人开始思考新的语法，第一个便是第四人称视角。

在当今语言学界，任何一种语言都只认可第一人称、第二人称和第三人称，但在这一框架下无法捕捉到语言的完整功能。

第一人称、第二人称和第三人称，我、我们、你、你们、其他人——在原始思维中，只要有这些词就能理解整个语言世界。

然而在剧场看戏的人不属于传统的第一到第三人称范畴。舞台上的演员使用的是第一到第三人称，但不能笼统地认为观众席上的人也属于第三人称视角。即使是同样的表述，舞台上的语言和传达给观众的语言也具有完全不同的特征。睿智的古希腊哲学也因为无法区分上述两者，在处理艺术和诗歌作品时费了一番工夫。

第四人称就可以解决这一问题。

第一、第二、第三人称之间的语言传达仅在舞台及舞台周边有效，观众席位于另一个维度。第一到第三人称的世界与在此之外的第四人称的世界通常发挥着相反的作用。

舞台上发生的悲伤故事从客观视角看会变得有趣。

这种视角转变需要观众发挥高超的想象力，出于理性与兴趣，即使是一部悲剧观众也会接受。

为了清楚地区分舞台和观众席，人们用幕布将它们隔开。幕布之前的语言视角就来自第四人称。

传达加大误差

语言是人类最熟悉的文化，但可能因为太过熟悉，我们很少深入思考语言，也不会探究语言有什么作用。

如果 A（第一人称）说了 10，我们一般认为 10 将被原原本本地传给 B（第二人称）。严格来说，A 说的 10 不可能原封不动地传达到 B。B 会理解为 10 加减 X，即使差别再小，意义也发生了变化。但 A、B 双方深信，第一人称 A 的 10 原原本本地传达到了 B，变成第二人称 B 的 10。混乱因此而发生，但误差很小，会被人们忽略。

所有语言经过传达都不会维持原样，在对方接收时，意思一定会发生改变。

从第一人称到第二人称的传达过程中产生的误差通常很小，甚至可以忽略不计，因此从第一人称到第二人称的传达被看作完整的传达。不在场的第三人称之间的传达误差则会扩大,有可能发生对方不明所以的情况。

假设有人发现自己早上吃饭前工作效率很高,就表示"早餐前工作是最好的",那么听到这句话的第二人称视角的人,可以将其理解为饭前工作能进展得更顺利,但是他只记住了最好在吃早餐前工作,一般不会去思考为什么是这样。

对于站在外围的第三人称视角的人,由于不能确保从第一人称至第二人称的传达是准确的,常常会理解错意思。他也许会曲解为"早餐前的工作很简单"(实际上现在的日语词典中就有这样的例子)。

语言不是原封不动地传播的,在传递过程中会发生微妙的变化。我们往往容易忘记,语言不可能始终维持最初的样子。

球形的语言世界

我们认为语言可以原封不动地传达,恐怕事实并非如此。语言或许不是在平面中线性传播的。

前人没有考虑这些就制定了语言的规则，创造了语法。

语法被认为可以近乎准确地实现第一人称到第二人称再到第三人称的语言传达，其实并非如此。

第三人称之外的第四人称会赋予语言新的生命力。语言不是在平面上直线移动的，而是在有起伏的立体面上发挥作用，这样的思考能赋予语言新的力量。

诸如"杀人"之类的词，在平面中传达只能理解为可怕的行为，但是如果认识到语言的立体功能，它就有了一层"有趣"的含义。

语言有时表达的是完全相反的意思。虽然矛盾，但是合情合理。

在日本，"狗走在路上也会遭棒子打"（祸福皆因强出头）这句谚语非常有名，还被收录进了伊吕波纸牌[1]。

这句谚语的意思是，狗走在路上也会遇到意想不到的灾难。

不知从什么时候起，它的意思发生了变化：狗如果多

---

[1] 这种纸牌共计九十六张，在其中的四十八张纸牌上，每张写有一句以"伊吕波歌"为句首的谚语，在另外的四十八张纸牌上，有与其内容相对应的四十八幅图画以及句首文字。——译者注

管闲事或是无所事事的话，会遇到意想不到的好事。虽然这是错误的用法，但是很多人开始这样用，还有词典收录了这一释义。同一表达存在两个相反的意思是很奇怪的现象，但大众的习惯用法突破了理论的限制。

第四人称是出现这种现象的根源。第四人称似乎能创造新的含义，而不是把语言的意义固定下来。观众相当于站在第四人称的视角，他们看到的语言与戏中截然不同，有时会觉得很有趣。在现实中对他人幸灾乐祸是不道德的，但当站在脱离现实的第四人称视角，便能感受到某种美。即使遭到道德主义者和哲学家的谴责，第四人称也不会放弃虚构的美。我们可以认为艺术源于第四人称视角，最有意思的就是这一点。

第一人称、第二人称和第三人称存在于同一平面上，相互之间没有落差。

然而第四人称超越了这一语境，到达了自由的境界。它脱离了实际存在的第一人称到第三人称，甚至从另一视角来看待它们。不可避免地，第四人称与真实世界存在对立。

第一人称到第三人称的世界与第四人称的世界不仅仅对立，更重要的是，它们之间存在落差。

它们不在同一平面，而是位于球面的不同位置上。

人类到近代才发现地球是球形的事实，在那之前一直认为世界是一个巨大的平面。

但是在语言的世界里，人们很快就感知到世界是球形的。

假设语言脱离了平面逻辑，在球形世界中运作，创造出一个超逻辑的世界，那么就容易理解第四人称的语言了。

球形语言学

希腊在虚构、悖论和美学方面没能取得令人满意的成就，大概也是因为受限于第一人称到第三人称的世界观。众所周知，古希腊的欧几里得几何是平面几何学。人们用了将近两千年的时间，才根据地球的世界观创立了球面几何学。

而语言的世界至今仍被平面几何式思维支配。

平面语言没有错，虽然必须承认平面语言取得了相当多的成果，但是不能否认，有些文化只能用球形语言学来理解。

经典——第五人称

"第五人称"孕育经典

有一件事情谈不上是很久以前,就发生在几十年前。

某天的晨报上刊登了一则令人咋舌的广告——一位诗人亲自宣传自己的诗集,"这本诗集可以读一千年"的文字格外醒目。

他是一位名不见经传的诗人,本来没必要在意他说什么,但是我当时感到非常不舒服。作者赞美自己的作品虽然不光彩,但不是不能令人忍受。可是他说自己的诗能流传上千年,使我无法附和他。我不能理解为什么会有人想到这么疯狂的宣传语,还把它作为广告刊登在报纸上。

别说是一千年，就连十年也不能保证。这就是文学，这就是书籍。

即使作品幸存了十年、二十年，也不是作者的功劳，要归功于第三者的发现。二十年也许不够，大约三十年后才会有人用新的眼光阅读，令作品迎来新生。作者一般无法见证这个经典化的过程，因为到那时他们多数人已经不在这个世界上，而活着的人往往遇不到这种机会。帮助文学和书籍再生的是使之成为经典的读者。

前一节"第四人称"中说到第四人称视角会透过不同语境来观赏戏剧，那么形成经典所必需的读者、享受者可以被视为第五人称。

第四人称具有使作品社会化的功能，第五人称则具有历史意义。昨天和今天的作品没有第五人称的读者，在经过一段几乎被遗忘的时期之后，作品会通过第五人称视角拥有新的生命力。经典作品往往经历了岁月的沉淀，拥有第五人称视角下的接收者。

很多情况下，几乎是所有情况下，这种经典化的过程会赋予作品与原作大不相同的历史价值，使经典作品成为不朽之作。

作品由作者创作，但经典是"异本"，诞生于后来人之手。我们一定要看到，异本比原书具有更强的生命力。语言和表达不可能维持其原始形态五十年不变。

有人因为没有充分理解这一点，所以断言历史可以重现过去。其实历史不是对过去的忠实再现，人类无法做到这一点。只有经过一段时间之后的再现，才能使过去成为经典。

第五人称的存在无声地推进了这一过程，是幕后的历史学家。

孕育经典的不是作者，而是第五人称。但是历史学界不认可这个观点。

因此作为一门学科，历史学最终既无法产生经典，也不能活用经典。

学习文学史的人对表达的历史化一无所知，也从不思考，只把它理解为类似年代顺序的东西，因此掌握的知识越多就越不了解过去。人们创造出虚构的历史，但不想纠正它，于是小说诞生了。

经典属于"异本"

《源氏物语》被认为是世界级名作，但其创作过程却是个谜,创作年代也不详。相关信息只有"公元一○○三年,《源氏物语》完成了一部分""(公元一○○七年)有一部分流传于世"(《新潮日本文学词典》)。

现在我们能看到的抄本是以镰仓时代(公元一一八五年至一三三三年)的版本为底本的,自成书到此期间的历史一片空白,没有留下任何记录。

对于这段空白,有段时间流传着"大火烧毁说"。

据说京都曾发生一场大火,古版书全都被烧毁了。由于其他作品也有同样的空白期,这个说法一度非常有力。

其实是因为当时人们缺乏对印刷术发明前的古文献的基本理解,才使这种敷衍的解释也能行得通。

一般来说,作品成立的前提是有同时代的接收者,但人们不会永远接纳它们,而是随着时代的变迁重新取舍选择。进入下一个时代后,许多东西就不复存在。

只有一小部分作品能被新的接收者即读者重新评价,但他们的评价通常与原时代的理解有很大不同。被下一个时代淘汰的作品将永远消失。

幸存下来的就是"经典",不会被遗忘。《源氏物语》经历了经典化的过程,从中存活下来的部分得以流传后世。

除《源氏物语》之外，平安时代的许多文学作品都承受住了经典化的考验，成为经典。

如果作品的属性没有显著改变，是无法通过筛选的。而进行筛选的人当然不是作者。

即使经典作品的文本和原作相同，也具有与原作不同的意义，不是原作的复制品。如果与原来完全一样，相当于没有经历经典化的过程，也就不可能拥有长久的生命，终究会消失。

《源氏物语》的原作和我们现在看到的文本相比，在各个方面都有不同。我们无论如何也没有机会接触千年前的《源氏物语》。我们能够阅读的只是异本，因为经典就是时代筛选出的异本。

普通读者以及代表普通读者的研究者不生产作品，但可以创造属于经典的"异本"，这是作者自身无法写出的。

《不畏风雨》的经典化

　　不怕风

　　不怕雨

这是宫泽贤治的作品《不畏风雨》的开头两句,《不畏风雨》是日本"二战"后最著名的一首诗。它的成诗过程很有趣,有人怀疑宫泽贤治的初衷并不是写诗。

事出有因。这首诗在作者生前并未发表,是作者去世后在他的箱子里发现的,尚不清楚作者是否是将其作为作品来写的。

很多读者读到的《不畏风雨》是原作,但因为是从他人视角了解的,于是使作品成了异本,也就是经典文本。从作者写下这些句子的那刻起,便开始经历岁月的沉淀。

普通读者将其理解为诗歌之美,却没有意识到,创造经典不仅需要作者的力量,还需要接收者的参与,如此才能推动作品的经典化和异本的形成。

《源氏物语》的经典化

在这里要再次提到《源氏物语》。这部作品的有趣之处在于人们对它的解读五花八门。它富有生命力,在成为异本的过程中内涵不断丰满。许多文学家尝试将它翻译成现代文,这足以证明这部作品的伟大。

其中引人注目的一件事是英国的亚瑟·威利将《源氏物语》翻译成英文。

威利是一位杰出的艺术家，他的翻译方式不是简单地复制原作，其中难以用英语表达的部分都被他毫不留情地删掉了。哪怕是日本文学的生命——和歌，因为很难转换成英语，也被舍弃了。日本文学研究者们不关注文学的异本现象和艺术的经典化，因此对威利的处理有所不满也很正常。学者们从来没有想过，文学作品是在经典化的过程中变得不朽的，自然也无法理解威利的做法。

亚瑟·威利是从第四人称视角看待《源氏物语》的，此后历经时代变迁，从读者中发展出了第五人称视角。日本文学研究者无论如何也无法理解威利的想法，不是因为日本文学研究者能力不行，而是他们不知道需要存在从第五人称视角解读古老作品的接收者，即读者。他们也因此无法理解通过第五人称孕育经典的价值。

第五人称视角下的经典当然不限于《源氏物语》。不论部头大小，发表超过五十年的作品都有可能因为第五人称视角而成为经典。

然而迄今为止，日本国内外的文学史研究者都没有注意到这一点。他们被一种错误的理解束缚，认为经典就是原封不动地传承原著。

人物的经典化

经典化不仅发生在文学作品上，对人物也同样成立。

政治家 A 在生前以及过世后的很长一段时间内都被认为是坏人。但是经过三十年、三十五年、四十年后，人们会对他产生新的评价。不仅评价是全新的，价值观也会反转。也就是说，公认的坏人可能突然被评价为杰出人物。人们还没有弄清为什么会发生这样巨大的变化，就照单全收了。历史研究忽视了这一点，所以历史的本质遭到了质疑。

历史没有像历史学家们坚信的那样再现过去，在经过第五人称的一代时，历史会突然发生改变。不是发生些许改变，而是彻底逆转。坏人会变成圣人，而好人不会有那么多改变，大多淹没在历史长河中。

在时间的影响下，人们对事物、人、事业的评价会发生改变。不仅仅是改变，时间会令人将不好的人和事重新看作好的。好的人和事受恶化作用的影响不复存在，只有出色的、强大的人和事才能留下来创造历史。第五人称是富有创造力的，它并非不具备破坏性，但它的破坏性不会持续，因此相当于不存在。

民间故事的新视角

现代文化是印刷文化。即使在最早建立现代印刷技术的欧洲，也无法设想古登堡[①]时代以前的情况。

因此，历史学和历史是近代的产物，古代是神话的时代。没有东西能够"准确"传达神话，对人类来说传说与虚构的故事非常接近。

如果从这个角度看问题，民间故事将散发出新的光芒。

以"很久很久以前，在某个地方"开头的民间故事不会同时缺少第四人称（在某个地方）和第五人称（很久很久以前）。至少它与第一人称、第二人称、第三人称的世界相隔绝。

[①] 古登堡（Gutenberg），德国人，在十五世纪发明了金属活字印刷术，被誉为现代印刷术之父。——编者注

没必要对孩子从桃子里出生大惊小怪，也不必惊讶于猴子和野鸡会说话。既然桃太郎是英雄，那么猴子和野鸡也是英雄。它们不会吵架，在征服鬼岛的征程中各显神通，而鬼岛上的鬼一定是粗暴的破坏者。

先包上一层第四人称语境的"在某个地方"，再包上一层第五人称的"很久很久以前"，这才有了童话故事。英语的民间故事以"Once upon a time"（从前）开头，这一点和日本一样，但是它的第四人称只是"there"（那里），力道稍显不足，可以说暗示了其第四人称力量的薄弱。

近代日本文化始于模仿外国，所以其历史没有考虑第四人称、第五人称视角的传达，这是不可避免的。如果我们认可成体系的第四人称、第五人称文化，我们的世界观或许会发生很大变化。

要理解历史性的世界，第四人称、第五人称视角不可或缺。

只要承认第四人称、第五人称，我们的世界就无限宽广。在民间故事中我们已经看到了一些端倪。

成　熟

大学纷争三十年后

"桃栗三年柿八年，柚子傻傻十八年。"

小时候，我总这样说笑。长大后的某一天，我突然想到一句接在后面的话：

"思想太愚蠢，足足三十年。"

那是日本大学纷争最白热化的阶段，现在回想起来好像做梦一样。

思想进步的知识分子和学生纷纷压迫、蔑视老实人。"非政治"（Non-political）之人的悲哀在于没有反驳技巧，能做的只有忍耐。

他们并不是没有想法。对那些滥用意识形态的人,他们逐渐树立起否定的态度。这是发生在约五十年前的"过去"的事。

我当时任教的大学也卷入了这场纷争,更准确地说是基地之一。

某天早上我去学校,发现校门口拉了"禁止通行"的警戒线。

我没当回事儿,正想要进门,突然有学生杀气腾腾地跑了过来。

周围吵吵嚷嚷的,我不太明白学生在说什么。我生气地说:"被灌输了莫名其妙的想法没来由地激动,真不像话。你们毫无思想。不过,如果三十年后你们能说出同样的话,我也会认同你们的思想。"

听到我这样痛骂,学生"哇"地大叫,实在很有意思。(我学习的是英国和美国的语言和文化,而英美在"二战"中是日本的敌国,我因此吃了很多苦。那些家伙不知道从哪里学来一些进步的招式,我不能输给他们。社会中虽有保守与反动之说,但我们这些在战争期间度过青年时代的战时派既非保守也非反动。我当然没兴趣沉迷于虚构的进步思想，眼前的学生看起来很可怜。）

人还是要活下去。我曾在警戒线前说"三十年后"，如今三十年真的如梦一般过去了。拉警戒线的学生们组织了一次同学会。不知刮的是什么风，他们还把邀请函送到了以前的老师那里。因为我的班上也有拉警戒线的学生，所以我也半开玩笑地参加了。

聚会上每个人都发表了简短的演讲。拉警戒线的勇士站起来说："我们没怎么学习，但是我们希望老师们也能更加努力地学习……"他们好像已经不记得当年的纷争了，忍耐多年的我像个傻瓜。

不会变旧的东西

想想看，过了三十年还想着同样的事情是不正常的，也不值得表扬，尤其是那些自己没有经过思考的事情。三十年如一日地记住被别人灌输的东西很奇怪，像做梦一样忘记才是正常的。

新鲜度正合适的水果，再过十天就不能吃了，视即将腐烂的水果为宝是不明智的。扔掉不新鲜的水果，换为新鲜水果才是符合常识的做法。世上没有那么多可以食用三十年的"水果",以前的事情也最好忘记。

虽然是这样,但是不能忘记有些东西即使时间久了也不会变陈旧。这是一种智慧,只是很长一段时间以来我们都没有注意到。

母亲的教导

我在文化荒漠中长大,没有参加智力活动的概念,也没有人教我——很长一段时间我都这么认为。直到三十岁左右,我才惊奇地发现事实并非如此,在成长过程中有人教我如何思考,那就是我母亲。

母亲对当时只有五六岁的我说了好多话。她给我讲过鸡兔同笼的算法,我是后来才知道的。我觉得算术好才是聪明的体现,但她没有明确告诉我,而是引导我自己发现。上小学时,我一度觉得老师很无聊,但是母亲说要好好听老师的话。我产生了与老师一样被平等对待的错觉,因此非常敬仰母亲。

然而这没有持续多久。我上小学三年级时,母亲像风一样消失了。这也是为什么当年母亲拼命教我很多东西，后来我才隐隐约约地明白了这一点，感到深深的悲痛。

寺田寅彦

上初三的时候，我遇到了一篇文章。它告诉我思考是一件有趣的事，常识的背后是有趣的事实。

那是国语课本上寺田寅彦的一篇题为《科学家和头脑》的短文，上面写了我此前从未思考过的内容，让我大开眼界。文章很有意思，这种乐趣与我之前感受到的有所不同。我虽然不明白其中的原委，仍被深深打动了。不过我不是马上就懂了。

三年后我到东京上大学，在宿舍的图书室里发现了刚出版的《寺田寅彦全集》。

从那天起，我抛开一切埋头苦读寺田寅彦。我很快读完了全集，隔了一段时间又读了一遍，这次读得非常仔细。我觉得自己发生了一些改变。

起初我的感觉很好，但之后就不行了。我发现我找不到自己了。遇到任何事都会看见寅彦，不知道自己去了哪里。虽然不至于很糟糕,但这让我迷失了自我,丧失了信心。

我和其他人一样学习、阅读英语文学,却一点也不觉得有趣。

自那之后好几年,我都苦于自己毫无学术成果。我无法用自己的语言思考问题,似乎每次寺田寅彦都会跑出来。我想独立写文章却总也写不出来。

我终于大学毕业,却不知道自己身在何处。必须要写的东西永远写不出来,我为思想的贫瘠而苦恼。我的一个朋友看不下去了,提议创建学习会,这才让我从无间地狱中爬了出来。此后过去将近十年,寺田寅彦似乎在我的脑海中静悄悄地长大,但当我意识到这一点时,已经又过了十多年。

在那段时间,脑海中的寺田寅彦好像发了霉,我也会为此感到寂寞。又过了十年,我发现这些霉菌出乎意料地有趣。从开始到现在,已经过去了三十年。

我终于可以说,寺田寅彦是我的老师。

我因为训斥了拉警戒线的学生而心情舒畅,但是一想到寺田寅彦的表情可能是一脸苦涩,就有些尴尬。

好书的危险

三十年后,我觉得自己明白了一些,决心要有自己的想法。

首先是区分知识和思考。仅有知识是不够的,无论增长多少知识,都要用自己的头脑思考,创造、发现前所未有的事物。我想创造一些东西。

读书,读好书。当我发现自己一点点被书籍的内容吸引时,我会用尽全力一口气读完——我一直这么做,直到有一次我改变了主意。读到扣人心弦的章节时,我心一横把书合上,并试图忘记所读的内容。要想忘记很难,读过之后会在脑海中留下残像,那是最有趣的。有时候脑海里会浮现新的事物,可能是来自所读内容留下的残像,也可能不是,总之既刺激又有趣。如果将它视为自己的半个想法,那么在思考新事物时会轻松得多。虽然一半以上是自己的想法,但不属于完全的创见,也不是单纯的模仿,而属于半独创。

正是因为想到这些,我才领悟了忘却的意义。

如此反复,我终于认识到读书的危险,所以尽量不看书,尤其是好书。读了好书,就很难逃脱它的影响。只要不读书,就算想模仿也模仿不了,再安全不过了。

陶艺三十年

还是要说回上小学时的事。教我们手工课的是一位古怪的老师,他从来不让孩子们画画,而是给他们黏土块,让他们做成自己喜欢的东西。大家做出来的东西奇形怪状,不过还是做得津津有味。老师把作品集中烧制成陶器,再还给大家。

老师把学生丢在一边,独自面朝辘轳,一副和黏土搏斗的样子。孩子们着了魔似的乖乖捏着自己手上的黏土。这是小学六年间我印象最深的一门课。

三十多年后,我处于半失业的状态,因为有了空闲时间而慌了神,不做点什么就不自在。我打算做最有趣的事,于是想起了小学里的陶器,想起了那位老师的身影。

我决心做陶器。在大家的反对声和嘲笑声中,我混入了大学里学生用的辘轳场,转起了辘轳。一切都像做梦一样,当然,我会忘记时间。从早上九点左右开始,当我想稍微休息一下时，一看表竟然已经过了下午三点。这样的情况发生过很多次，我却从不觉得疲倦。

就在我持续这样做时，我的生活发生了很大变化，不得不离开轱辘场。此后的生活对我来说只是平淡的余生。

三十年后，那段岁月变成了"中景"。

曾经一起转轱辘的几个人中，有一个人已成为职业陶艺家。我去看了他的作品展，回想起以前的日子。兴趣大多是一时兴起，像梦一样短暂。如果能设法跨越三十年的壁垒，就会开出有趣的花。

川喜田半泥子曾是日本三重县一家银行的行长，却在陶艺史上留下了不朽的名字。她的作品有一种不同于其他大师的独特韵味，从中我们可以知道，令人极度感兴趣的工作能创造出永恒的价值。

随着人均寿命的增加，想对某件事达到三十年的熟练程度不像以前那么难了，感受成熟带来的乐趣也变得容易。这么一想就充满了活力。

意义、解释和幽默

段　落

语言有其意义。

小学生不会考虑这些事情。

曾经，人们学习了一段时间的外语后就会关注语言的意思，通过查字典找出不理解的词的含义。而最近即使不翻查字典，注释中也会有说明。这是学习方式上的一种进步。

小学高年级的学习参考书上有"请写出下面段落的大意"一类的问题。

段落指什么？大意又是什么？学校没有教，所以学生不知道。有的孩子应该就是因此而讨厌日语。

初中生同样不明白什么是段落。"段落"的英语是paragraph，但是即使到现在，能清楚地告诉学生什么是paragraph的英语老师仍非常有限。

我们学到的语言结构有单词、短语和句子，没有人告诉我们在此之上还有段落。我们通常认为句子就是最大的语言单位。

以前的入学考试出过考察段落大意的题，考生完全不明白段落指什么，以为翻译句子就可以了。

看不懂，难，太抽象。阅读再多遍都理解不了。一开始就这么难，接下来更是不敢想象。怎么可能看懂？考生只好放弃努力，交一张白卷。

明治时期以来，因此而失败的人不计其数。

不知段落为何物着实令人痛心，肯定有很多日本人因此讨厌外语。

"二战"后，入学考试中不再出现这类问题，人们愈发听不懂"段落"这个词了。

段落是比句子更高一级的语言单位，印在纸上大概有七八行，通常分为三个部分。

第一部分占两三行。现在时态的动词加上抽象表达，对日本人来说最难理解。

接下来是叙述具体内容的部分,最后以抽象的语句结束——这就是段落的结构。有条理的文章以这种结构模式居多。

段落由三部分组成——开头的 A、中间的 B 和结尾的 C。理想情况下,A、B、C 三部分就像同心圆一样组合在一起。这样的文章条理清晰,一读就懂。

听日本人说英语往往很难找到重点,非常吃力。

由于考试中经常出现段落理解的问题,掌握段落大意变得极其重要。习惯阅读汉文的日本人缺乏这项能力,理解外语时特别费劲。

不知道是不是学校放弃了,现在出现在试卷上的外语理解题越来越少。并非大家已经能够很好地理解外语,而是为了逃避动脑理解外语。一般人都没有意识到这一点。

强大的接收者

一句话只有一个正确意思,这是小孩子的想法。若认为语句的意思就是作者的想法,并会原原本本地传达给接收者，即读者，也是一种幼稚的想法。

当一句话以 A 的意义发出时，会原封不动地传达给接收者，接收者会完整地收到它——这只是空想。接收者往往会将 A 理解为 A'，有时甚至会理解成 B 或 C。这样的误解会遭到人们的否定，但有时也会出现有趣的误译。强大的接收者有时会产生善意的误解。

在诸如俳句一类的高级表达中，接收者理解的意思一定与提供方的意图不同。实际上两者不可能完全一致。老师再大意也不会出题考查学生俳句的意思。阅卷人对答案的理解属于第三种意思，不同于提供方和接收者，所以不好处理。若是翻阅词典了解难懂或者未知的词，又会出现第四种意思，更加令人困惑。

在此之前的语言表达一直被看作说话人、写作人的想法，也就是提供方的想法，所以容易处理。然而把它当作语言的唯一意义的观点是陈旧落后的，这背后是以提供方为中心的文化。

在接收者变强的情况下，我们自然会认为，语言的意思是结合了提供方的意图和接收者的理解而产生的。

提供方和接收者的关系不是一成不变的。原本提供方占主导地位，提供方表达的意思压制着接收者，而经过三十年、五十年，接收者的解释可能胜过提供方的原意。只有当接收者理解的意思和提供方表达的意思对等时，才会产生所谓的经典。

读者对外语作品的理解很难超越作者想表达的意思，因此有常识的人和专家认定，外国接收者与创造经典无缘，但如果读的是经典作品就另当别论了。

万众期待的幽默

在文化还不成熟的时候，成为语言的提供方就相当于拥有了一种特权。不是谁都可以当提供方，只有被眷顾的人才能成为语言的提供方，即书写者、作者，他们是文化贵族。即使是接收者，也不是谁都能当，但是接收者和提供方的地位显然不同。

小学生被教导打开课本的时候要恭恭敬敬地用双手捧起课本，向它轻轻鞠躬。就连淘气鬼也会毕恭毕敬地端起课本。不能把书掉在地上，践踏课本更是一种亵渎。

接收者好像受到了一番教育，认为提供方是特别了不起的人。仰慕提供方的人成了文学青年、文学少女。

　　对于这些接收者来说，提供方是敬仰的对象。提供方表达的想法是不可动摇的，而接收者创造出想法会被认为是不敬，因此诞生了沉默的读者。

　　在政治和经济领域，接收者逐渐强大，民主和以消费者为主导的文化得到发展，但是在语言文化中，接收者依然缺乏存在感。至少没有人想过接收者与提供方是对等的。这不是发展快或慢的问题，关键在于接收者是否足够强大。

　　高等教育的普及强化了提供方的力量，更重要的是，它培育了一群接收者，增加了聪明的接收者的数量。当提供方不紧不慢地编出老套的故事，新一代的接收者已不再像以前那样容易得到满足。

　　报纸和杂志是提供方中的优胜者，却很难满足接收者的要求。不仅读者人数没有增加，反而一不留神就会被读者抛弃。提供方似乎已经开始着急了。

　　虽然目前只有一小部分人认为付费的读者能够在语言文化中起主导作用，但这类读者正在远离书本，远离印刷文字。

　　不出所料，提供方也有些慌张，开始琢磨怎样才能让读者满意。他们看起来比以往更加用心。

现在的接收者越来越挑剔，要求新的语言和新的表达。

他们感到内容索然无味，不断寻求刺激。但是没有人想看新闻报道残暴案件，人们想要的是更加有意思的内容。对社会来说，越来越多的知识型读者这样想是可喜可贺的事情，而提供方却难以回应这些接收者。

如果新闻只有"新"这一个特点，那么机器就能提供。有些许厌倦的新一代接收者一直在无意识地追求所谓的主观被动性。

具体来说，新闻报道的事件很有趣，却总让人觉得缺点什么。如果有这样的东西——虽然不够夺人眼球，但是读着读着会让人会心一笑，感叹原来如此、真有意思——那么即使价格没那么便宜，人们也希望看到。如今对知识感兴趣和追求乐趣的人比以往任何时候都多，疏忽了这些人是提供方的责任。

对于接收者来说"有趣"是最有意思的，因为需要他们对其进行揣摩解释。但是提供方需要拥有强大的知识储备，才能找到这类内容。

创造了这种智趣的正是幽默。日本人看重认真、诚实的品格，但总是缺乏幽默感。尽管有幽默这个词，但它与智趣从根本上是两回事。

　　放眼全世界，理解并喜爱幽默的社会只占少数。英国有发达的幽默文化；美国在幽默方面虽然不及英国，但喜欢开玩笑；法国人重视幽默；耿直的德国人搞笑起来似乎缺乏一点智趣。

　　与这些国家比起来，日本显然不够有趣。

　　人工智能恐怕也很难制造出新的乐趣。步入老龄化社会后，人们比以往任何时候都需要智趣。

第五章
传达的手段

接收者

提供方稀缺的年代

人们对事物的价值判断正在发生巨大的变化。

最明显的例子是发达的工业化国家中消费者力量的崛起。一直以来，人们争抢生产者制造的产品，而随着生产技术的提高，大规模生产不再像以前那样困难，一些领域出现了生产过剩的现象，于是出现了消费者。

性急的生产者开始煞有介事地推行"消费者为王"的理念。这样做可能太夸张了，但我们不得不承认，过去生产至上、消费从属的格局正在一点点动摇。

稀缺价值不属于根本价值。根据经济学原理，当一种物品的生产量超过需求时，其价值就会降低。

迄今为止，社会的创造能力一直无法满足需求，所以很多东西被赋予了稀缺价值。大规模生产对稀缺价值的破坏是不言而喻的。

文化本应遵循同样的道理，但是其供求关系不像物品那样清晰，因此提供方即作者理所当然地被贴上稀缺的标签。作者之所以被视为天才，是因为他们拥有创造稀缺价值的能力，而稀缺性不总是诞生于天才之手。

以读写为中心的识字扫盲教育处于教育的起步阶段。把必须掌握的内容以文字形式呈现出来，再费尽工夫去理解并称之为教育的，是落后社会的教育。

在这种水平的知识社会中，以语言提供方的身份写文章、出书，这本身就具有稀缺性。普通读者群体自然会对作者萌生崇拜之心。读者通过阅读和理解这些作者的文章，提高了语言能力和知识修养，同时出现了一群文学青年。自认为是精英的文学青年不在少数，他们不仅没有明确意识到自己只是语言、文章、著作的消费者，反而产生了自己也是作者的错觉。文学青年要成为作家或诗人并不像想象中那样容易。

在文学和知识领域，提供方和接收者之间有很大差别，仅凭一点努力很难跨越两者之间的距离。

一百年来，人们不知道出版业务有多困难。在这期间，那些知道出版书籍伴随着亏损风险的人，反而不敢成为文学和书籍的生产者。以借贷为业的银行在贷款给出版社时也很谨慎。

偏重"阅读"的教育

另一方面，接收者即读者的数量迅速增加。不能说这与出版商和作者付出的努力完全无关，但主要还是归功于学校教育。

从小学开始，学校就在"阅读"的教育上倾尽全力，甚至忽略了其他学科。国语教育最有活力，推行彻底的"阅读"教育。这是以前的"读法"课，学校里还有"写法"课，但不是写文章，而是拿毛笔写字。"写作"才是写文章，但不会出现在正式课堂上。有时候老师会布置作业，让孩子们交作文。我不知道老师会花多少精力去读孩子们写的文章，但是只要附上简短的评论，他就称得上有良心的老师。

也就是说，日本的学校教育是阅读的教育，写文章只能靠自学。小孩子做不到这么困难的事情，所以学校最后培养出的人只会阅读不会写作。

不过也有文章写得好的孩子。他们的出现只是偶然，是有天赋的少数人。

入学考试几乎没有出过考查写作能力的题目。由于始终有人觉得奇怪，有些学校开始给学生布置小论文。

有趣的是，重视小论文的是医学院，那里汇聚了最优秀的考生。而做出这种另类举动的文学院少之又少。

毫不夸张地说，百年来日本的语言教育始终致力于培养读者。

一直以来，日本人接受的都是这种不均衡的语言教育，在读外语时不得不忍受很大的痛苦。

人们甚至开始忽视母语的写法。遇到未知的词就像遇到英语一样不知道该怎么读。明治时期，人们像阅读汉语文言文一样，通过给文字标记语序符号来理解其含义。终于勉强知道了单词的意思，一旦组成句子又让人毫无头绪了。

日本人花了三十年左右的时间，总算能够理解句子的意思了。

全日本的英语文学研究者经过努力，设计出"英文解释法"这一翻译方程式，终于将英文翻译成日文。虽然"英文解释法"很不完善，但还是出现了英语作品的读者，这是近代日本知识界的最大成就。虽然今天我们可以批判"英文解释法"，但是不能忘记当时大量译作的出版归功于这一解释法的出现。

缺乏独立性的接收者

虽然"英文解释法"为理解英文提供了宝贵的方法，但它无法培养出独立的接收者，机械且没个性，几乎对创作有趣译文无能为力。在近代的日本文化中，有趣的翻译极少，不是因为译者能力不够，而是被英文解释法的方程式束缚了。

读者必须拥有与作者不同的"风格"。然而，随着翻译的兴起，这一点被逐渐遗忘了。

读者不可能脱离作者存在，永远会受到作者单方面的影响，这已然成为常态。

将大把才能浪费在理解外语上，不得不说，这是一段令人痛心的历史。

有自知之明、敢于挑战常识的人开始质疑学习外语的意义。大城市里的聪明学生也许亲眼看到了研修外语的边界，于是放弃了学习外语的志愿，转而对科学等学科产生兴趣。而希望抹去自己学术出身的人，会选择外语作为专业。这样的环境自然不可能出现强大的接收者。

首先，我们必须放弃借助外语成为提供方、具备独立性的想法。我们能够成为优秀的接收者，在文化自尊心不强的地方，甚至能成为独立的接收者。

多数表决的例外

在与接收者的关系中提供方占优势，这是自古以来的习惯。即使到现在，这一趋势也真实存在。有权力的人压制、统治没权力的人，以此维系社会秩序。权力永远掌握在少数人手上，然而教育没有教人们如何质疑这一点。

人们理所当然地接受"强权即公理"（Might is right）。

即使在今天，这仍然是一项强有力的原则。

而多数表决原则否定了这种逻辑。任何事情只要获得大多数人的支持就是正义的。"权力即正义"与"多数即正义"两种观点相持不下，在竞争激烈的地方，多数表决原则战胜了强权原则。

在这一点上，政治是最先进的。只要能在选举中拿下多数选票，就可以胜出并获得控制权。大选确立了多数表决原则，民主在多数表决原则下发展起来。没有权力的弱者也可以借由多数表决原则获得权力。

但这一权力抗争是围绕政治展开的，很少涉及精致的文化和艺术。在现代社会，由多数表决决定艺术作品优劣的做法属于异端。

工业和经济世界中的思维方式虽然是粗线条的，但也可以说与政治相似，所以比其他领域更早采纳了多数表决原则。喜欢新事物的美国人第一时间让作为提供方的生产者和作为接收者的消费者竞争，使数量上更有优势的消费者成为赢家，打出了"消费者为王"的口号。可以说，这是接收者的胜利。定价曾是提供方的特权，现在也转移到了消费者一方。只有出版物、展示样品是厂家可以定价的

第五章　传达的手段　/　173

产品。

也就是说，书是例外。读者作为书的消费者，却不能享受国王般的待遇。

在作者面前读者永远是弱者，而外国读者又是其中最弱的接收者。

在不知道这一点的情况下，阅读学习外国作品是一件可悲的事，但是能够阅读外文书、了解外国的事情也有社会价值。处于弱势的接收者有时会骄傲，忘记自己可悲的立场。

明治时期以来，身为弱小的接收者，几乎所有日本精英都被迫付出了努力。他们丧失了独立性，没有意识到自己无条件地接受了提供方所说的一切，是一群可怜的接收者。

战败国的接受论

发生日本向英美宣战这一惊人事件时，英语学习者不完全清楚自己的立场。当时，英语学习者占了日本知识分子的大半。他们虽然会英语，但是没有足够的日语知识储备。日本与英美为敌，对敌国语言的学习多过母语是悲哀的，但是他们缺乏思考能力，不能明确认识到这一点，不得已陷入了茫然自失的状态。

"二战"结束后，日本马上回到了模仿语言学的原本轨道上，甚至掀起了以此为乐的风潮。

在这种背景下，在极少数地方，一种轻微的民族主义开始萌芽，即日本人不是为了英美而学习英文。这一思想没有在精英群体中产生，而是出现在看起来有些落伍的英语学习者之间。如果按这个势头发展下去，会诞生新的接收者。

然而事情并未如此发展。日本社会开始盲目模仿外国，流行追随新的政治理念、社会理念。精英们高声呼吁着行为进步，个人的思考却失去影踪。

因此，具有知识个性的新一代接收者消失了，铸成一场无法避免的不幸。拥有很强的独立性、对提供方有影响力的接收者像风一样消失了。

日本的外语作品读者可以说是世界上最缺乏创造力、擅长模仿的接收者。对此说长道短也没用，因为这是一系列偶然导致的结果。

不过应该指出的是，已经出现了少数独立的读者，其阅读方式与英美完全不同。这些另类读者对英语和英语文学的兴趣超过了一般人。

在不久的将来，会出现针对文学和语言学的读者论。想必消费者为王的思想会为之提供有力的支撑。一旦读者论得到确立，日本人的辛劳付出也将得到回报。

接收者是弱势群体，接收者的独立似乎注定伴随着弱者才有的痛苦。在这层意义上，日本的战败是一段宝贵的经历。很难想象在战胜国能发展出新的接收者文化。在认识到弱者及接收者的力量这一方面，战败的日本应该能够引领世界。

在日本，关于接收者论和读者论的尝试始于二十世纪七十年代，当然，那时候人们对此不感兴趣。

十多年后，西德出现了被称作"接受论"的接收者论，立刻引起了全世界的关注。日本虽然不甘落后，但由于缺乏接收者文化的哲学基础，最终没有留下任何成果。

有趣的是，接受论诞生在战败国德国。在战败给文化带来的影响中，接受论是最值得关注的。

接收者主张的消费者论与接受论融为一体后，一个新的知识世界将呈现在眼前。

接收者终于进入状态，准备和提供方对峙了。

读者虽然不是国王，但有推动经典作品产生的力量。有实力的接收者变多后，创造出前所未有的经典的可能性便不再渺小。

放　送

"放送"的问世

在过去的八十年里，日本社会发生了翻天覆地的变化，其中带来最大变化的是电视。

虽然有批评家批判新媒体导致"一亿人口白痴化"，但有很多人因为电视而在不知不觉中改变了看问题、思考问题的方式。

没有思想家直接批判电视，电视在塑造舆论方面拥有最强大的力量。虽然没有多少人认为电视是媒体的支柱，但我们很难否认电视是媒体的主角。与出版相比，电视的时效性更强，因此会对人们的感知和思考产生巨大影响。

其中，人们似乎默认了以提供方为中心的态势，因此没有出现认真考虑接收者的交流方式，尤其是媒体。

"放送"的开端不是电视而是广播。广播当然不是日本本土的产物，而是完全模仿自英国广播。

最先在英国放送广播的是英国广播公司（British Broadcasting Corporation，BBC）。日本人按图索骥创立了日本广播公司（NHK），连名称都一样（NHK是日本广播公司的日文假名的首字母）。把Broadcasting翻译成"放送"是一个绝妙的处理。原来的broadcasting绝对算不上一个好词，因为它由broad（广阔的）和cast（投、扔）组成，会让人联想到播种。"放送"一词既接近英文原意，又表达了广泛传播信息的意思，堪称佳译中的佳译。

然而人们没有审思broadcasting的来源，即提供方。"放送"一词难道不正是小看了接收者吗？提供方显然没有考虑接收者。

毕竟很难将播报者称为broadcaster（广播者）。负责播报的是播音员，播音员只要一直说就好，没有必要考虑接收者。

英国似乎很早就出现了针对这一问题发声的接收者。

BBC早早地推出了一份名为《听众》(*Listener*)的月刊杂志，以缓解接收者的不满情绪。模仿BBC的NHK却没有考虑到这一点，所以"放送"还是以提供方为中心，即使有人抱怨他们对接收者缺少关照，也无法得到反馈。

接收者必须更强大

语言表达原本以提供方为第一位，是单方向的行为，即使有接收者也不为人知。提供方并不关心接收者的反应，理所当然地居于接收者之上。人们认为接收者敬仰提供方是正常的，甚至出现了认为作者至上的读者，并且没有人对此进行反省。尽管出现了大量的作家论，却几乎没有关于读者论的研究。

政治比语言更先进吗？主权在民、民主主义的思想很早就展现出接收者的力量。民主思想是接收者的思想，是社会发达的体现，这一观点是革命性的。在多数表决原则的作用下，这一观点迅速传播开来。

物质世界是保守的，比思想世界更难改变。难怪在政治民主发达的美国，在非工业领域中产生了民主思想的萌芽。在经济和商业领域，弱势的接收者，即消费者急速发展壮大，摇身一变成为强者。性急的人看到新的接收者，会称他们为"国王"。虽然为时过早，但是方向没错。

相比之下，语言却迟迟没有发展。几乎无人反省提供方占优势的问题，即使是站在最前沿的媒体世界，似乎也没有改变提供方的中心地位的想法。

因此，媒体获得的利益是不可估量的。有影响力的广播公司和出版商不可能把反应迟钝的接收者放在眼里，也没有接收者指责提供方的疯狂行为，这使提供方渐渐失去了自食其力的能力和自制力。少数接收者注意到了这一点，但在没有话语权的情况下只能一直沉默。

广播有了一个很好听的名字——放送，却从未听到过质疑它的声音。

"媒体"这个词本身就不清不楚。可能因为接收者是缺乏响应能力的群体，所以没有对其多加考虑。提供方自由散播信息，不必考虑结果，麻烦的事情则被事先回避了。

因为谈论有关接收者的事可能会得罪人，所以提供方更愿意将国家大事作为话题。

提供方的任务是采访然后制作新闻，但不会总是正好有精彩的新闻等着他们。负责各种案件的警方是不可多得的采访对象，政府机关的记者俱乐部①是更重要的新闻来源。现在，无论哪份报纸的报道都大同小异，因此没有必要像以前那样同时订阅多份报纸。

不少接收者在心中暗想，来点有趣的八卦吧，多小的事情都没关系。

尽管如此，报纸上还是有"投稿"的版面。一些读者持续写信投稿，期待稿件被采纳。读者投稿一度很盛行，但现在似乎变少了，这与读者的受教育程度不断提高成反比。

我对报纸报道的印象是不怎么有趣，在打动接收者的文章中，有些内容还让人大跌眼镜。

英国报纸的读者会报告一些趣事。英国报社不会用"投稿"这类没礼貌的词，报纸上有一版是"给主编的信"（Letters to the Editor），靠着社论版面。

有趣，既远离尘世又不忘人间烟火。我会好奇这样的文章是什么样的人写的，一看文章最后，原来是著名政治

---

① 由记者组成的组织，目的是对公共机构进行持续性采访。——译者注

家之类的人。

恐怕没有人意识到,广播和电视的接收者不能像报纸读者一样投稿,也从没引发过关注。真是名副其实的"广播"(broadcasting)。

如果接收者不加倍努力学习,"媒体"这个词将变成空谈。丝毫不觉得广而播之的放送有问题,才是最有问题的。这一现象暴露了接收者的不成熟。

不可思议的是,当人们看到政治中的选民、经济中的消费者正在试图获得足以威慑提供方的力量时,却仍未察觉与提供方进行交流的接收者弱得可怜。

有意思的天气预报

我们可以认为,语言的接收者正以自己独特的风格显示着自己的力量。值得关注的是,在年轻人中以绝缘的方式对媒体表示不感兴趣的现象尤其常见。

手机能够传达个人的心声,使接收者能够发出主张,因此可以抓住大众的心。媒体对接收者几乎视而不见,手机却能让接收者与提供方对话,所以人们没有理由对手机不感兴趣。在广播和电视的接收者产生不满之前，图书的读者就发现只有放弃读者身份才能表达接收者的个性，这也是大众远离书籍的原因之一。

也许图书编辑已经代表读者展示了接收者的力量。而对于接收者来说，"有趣"的书变少了。

广播和电视接收者的反应与此有些类似。节目中大家一起无缘无故地哈哈大笑，这对提供方来说或许很有趣，却无法震撼接收者的心灵。一些接收者想获取更有趣的内容，于是会远离媒体。

受众不明的电视剧越拍越没意思，特别是现代剧。不明所以的时尚剧还能激发接收者的想象力，但是现代家庭类电视剧的制作不够精良。人们会不由自主地哼唱起那些意思含糊不清的流行歌曲，倒是出乎意料的有趣。

厌倦了的接收者发现，编造的故事很没意思。因为一开始就知道是加工过的，所以怎么看都不真实。人们想看真正有新闻价值的东西。

于是，接收者发现了天气信息。这很好，因为人们无法预先确定天气信息。自大的提供方甚至会延后预报时间，让接收者不知所措。有时候好天气也可能变得乌云密布，但这始终比没有诚意的电视剧有趣。不过让人头疼的是，播报员一得意就会说些多余的话。

　　优秀的孩子喜欢天气预报的说法始于五十年前。在毫无危机感的提供方热衷于制作电视剧和歌曲节目时，聪明的孩子更喜欢天气预报。嘲笑他们的提供方已经落伍了。

　　目前还没有人调查过去喜欢天气预报的接收者现在过得怎么样了。

从手机到聚会聊天

　　"二战"后电视问世，"交流""媒体"这些词汇开始普及。很多人还没有完全理解"交流"这个词，就张开手臂欢迎各类媒体。"放送"被视为最有影响力的媒体是很自然的事，人们没有时间去思考交流的本质。原本交流必须有提供方和接收者，而电视、广播只有无法发表意见的接收者，却也被称为媒体。

　　虽然接收者一直保持沉默，但越来越多的人开始冷眼看待媒体，提供方不得不面对这一事实。

　　手机使提供方和接收者之间的交流得以成立。虽然手机不属于媒体，但是提供方和接收者可以借此展开交流。

广而播之（broadcast）的"放送"原则上不能使双方进行沟通。很久以来，公众都没有注意到这一点。手机之所以受欢迎，是因为能实现沟通。

一种新的文化出现了，在咖啡店，一群已经厌倦了手机的接收者为了寻求对话而聚集在一起。这代表了接收者的觉醒。

历史告诉我们，聊天能创造性地发挥接收者的优势，这一直是伟大发现和发明的源泉。

可以说，当今时代最有力的交流方式是聚会聊天，却出人意料地难以实现。

通　信

明信片的美学

过去人们经常写明信片。

"连明信片都不会写"是一件丢人的事。即使没有什么要紧的事，人们也时常写明信片问候寒暄。在日本，互相寄送贺年卡和暑期问候卡片的习惯延续至今，但如果是印刷类的明信片就缺乏诚意了。

以前的人对写明信片乐此不疲。虽说只是一张明信片，要让收到的人心生感激也需要一定水平。写明信片要考虑的东西和写信不同。

一些年轻人在收到好的明信片后，读完会舍不得丢，把它夹在读了一半的书里当书签，时不时拿出来重温。

现在明信片被归类为信件，但在最初它并不属于信件。也就是说，明信片不是书信。书信不允许给第三个人看，因为里面有秘密。

写明信片的人多少能预料到其他人会看到内容。仅是因此写明信片就比写信更麻烦。以前人们会说是因为忙碌、没时间，所以选择写明信片，其实不是这样。忙碌的时候最好不要写明信片。

据说英国剧作家伯纳德·萧喜爱写信，勤于笔耕，一生写了几万封信。他写的信总是很长，还说："今天我没有体力，所以写了一封长信，请见谅……"

也就是说，简短的信更难写。一定有很多人到老都不知道"一张明信片"比"一封信"更难写。

现在仍然有人在明信片上写满密密麻麻的小字，但这样是不对的。

最多写六行。写明信片要有一种在创作俳句的感觉。在俳句文学大放异彩的日本，明信片文化理应繁荣。日本历史上著名的"一笔启上，小心火烛，好好照顾孩子，把马养肥"[1]就是没有明信片的时代的名句。

夏目漱石是写明信片的高手。有一年新年,他给自己的爱徒寺田寅彦寄了一张明信片,大意是:"一月二日,我们几个聚一聚。如果只是吃饭的话就傍晚到,要帮忙的话就下午来。"寺田寅彦看了之后很开心。

现在的人比以前忙碌,没有人会因为一点小事就没完没了地写信,也幸亏没有。

用电脑写的信更容易阅读,这是件好事。

写信最好用候文[2]

近来写信的人越来越少,特别是个人与个人之间写信的情况非常罕见。在任何时代写文章都是一件很困难的事,但是古人会努力写信。

特别是在年轻的时候,有相当多的人会写情书或想要

---

[1] 日本战国时代的武将本多作左卫门在战场上写给妻子的信。——译者注
[2] 一种自日本中世(约公元1185年—1603年)到近代使用的文体,以在句尾使用助动词"候"为特征,曾被广泛用于书信写作。——译者注

写情书。想必有人在写情书时意外地创作出了金句。

普通人或许没有机会写情书，会为写文章发愁。这类人发现了可以称为书信体的文体，也就是候文。直到"二战"前，书信、通信都以候文为基础。

虽说叫"候文"，其实写起来并不麻烦。句末用"候"结尾就是候文了。

"拜托您了"（お願い申し上げます）变成"拜托您候"（願い上げ候）。

"届时登门拜访"（そちらへ伺います）变成"届时登门拜访候"（参上つかまつり候）。

"（私）以为……"（……と考えております）变成"（私）以为……候"（……の所存にご座候）。

它的特色在于不出现第一人称的主语，正因为如此，有时会给人冷淡的感觉，但若是平时很难说出口的话，用候文就能利落干脆地说出来。

"二战"前，一位编辑去找某位稍有名气的作家约稿。"老师"爽快地答应了，编辑很高兴。等编辑四处转了一下回来，发现那位作家已经寄来了快递（当时快递居然会那么快送达）。

在快递送来的回复里，作家用候文拒绝了邀约。编辑认为与其被当面拒绝，还是这样更好。这就是候文的优点。

过去，父母用候文给在外游学的孩子写信。比起写"你必须要学习"，"希望你能专心学习候"更打动人心。年轻人也会努力写好候文，以给人很懂事的印象。

以前人们认为，拒绝别人请求的时候最好用候文。对很难拒绝的事，可以说"难以满足您的要求，非常抱歉候"。

"二战"后，候文消失了，人们开始用书面语写信和明信片。不明所以的人误以为写信变得更容易了，其实大错特错。没有了候文，写信变得无比困难。

电话是危险的媒介

渐渐地，我们不再写信和明信片，凡事都用电话沟通解决，然而有时通话不如写信。

尤其是有些事不经过深思熟虑便无法给出答复，可在电话里我们会马上回复这些事。

即使是朋友之间的书信往来也不可能不吵架，只是这种情况很罕见。而若是和平时关系很好的朋友打电话聊天，时常会发生争吵，人就是如此不耐烦。即使是能当面说或是用书信沟通的事，一旦通过电话传达，就会出现意想不到的摩擦和分歧，甚至发生争吵。或许是因为电话里用的语言和面对面交谈时的语言不一样，使电话成为一个危险的媒介。

电信诈骗之所以能得逞，就是利用了这一点。

在电话里被人骗取一笔数额惊人的巨款，这听起来很不可思议，但如果没有电话根本不会发生这种犯罪案件。无论我们付出多少努力，电信犯罪丝毫没有减少的趋势。不仅如此，令人吃惊的是电信诈骗还出现了新的套路，受害案件甚至增多了。

有趣的是，在关东地区和关西地区，电信诈骗的受害情况有很大不同。关东地区明显严重得多，大约是关西地区的十倍。这不禁让人感到语言在两地发挥的作用有巨大差别。虽然不知道东京人是不是更容易被骗，但他们确实不如关西人敏感。

若是举行小学生作文比赛，那么越是低年级的学生，成绩西高东低的趋势越明显。写出有趣文章的学生多为关西人，但是没人清楚为什么会这样。

固定电话的缺点

电话确实是一个划时代的新媒介，但在刚出现的时候，它是一种有局限性的通信手段，因为需要人工连线。从地方打电话到东京，要先向电信局申请，然后无期限地等待电话接通。在这期间，你必须守在电话旁边。

有工作需要的人另当别论，一般人很难应付电话。坦白来说，当时的电话并不方便，还是邮件更实用。

改为自动连线后，电话作为通信手段的价值有了飞跃性的提升，但还是需要人们通过邮件进一步确认细节。不过人们普遍认识到电话的便利性，用户数量急剧增加，几乎家家户户都安装了电话。

然而电话没有被明确定位为传达的手段，因为它多被用于社交。人们在打电话时不会将电话作为通信手段考虑使用时需要注意的事项。

有人意识到电话的缺点，动了坏心思。

即使一个不相识的陌生人声称是对方的亲人，接电话的人也分辨不出来。电信诈骗不断发生，犯罪分子以荒谬的借口从受害人手里骗走巨款。警察再三提醒，银行做好防护措施，都丝毫没有使诈骗案件减少。难道人们现在才明白电话作为一种通信手段有多危险吗？

即使同样是电话，手机和固定电话也大有不同。或许是因为两者的通信能力有差异，手机更贴近生活，通信功能更加便捷，相对较少发生诈骗。

出版业衰退背后的读者力量

电视、广播、报纸、杂志等被称为大众传媒（mass communication）。大众传媒的英文单词里有交流（communication）一词，却没有发挥交流的作用，因为它们只是单方向发送信息，并不接收信息。接收者当然有反馈，但提供方听不到他们的声音。

为了改变单方面放送的局面，人们研发了数字交互式电视，但是没有仔细考虑如何利用接收者的呼声及其价值，也不知道该怎么做。不知从什么时候起，数字交互式电视不再受大众青睐。作为媒体，要使电视和广播具备通信功能就需要接收者，而现在拥有的接收者没有达到足够数量，恐怕媒体不得不继续维持提供方单行的现状。

即使人们还没有清晰认识到接收者在大众传媒中发挥的作用，也不必大惊小怪。

所有文化都是以提供方为中心的，人们还没有明确认识到接收者的重要性，这也许是没办法的事。

从物质世界的角度出发，我们会清楚地发现迄今为止文化都是围绕着提供方发展的。

由于以制造者为中心，消费者只能任由提供方主导。至少直到最近，生产者仍然居于上位，消费者仍然处于从属地位。

随着生产和制造技术的改进以及大规模生产的普及，供求双方的力量关系发生了变化。曾经对生产者有利的卖方市场在一点点瓦解，消费者拥有越来越大的话语权。在生产力发达的社会，消费者的地位相对提高了，"消费者为王"这句话终于不再是一个玩笑。

近年来，信息领域的供求关系也在逐渐发生变化。以前，写书的人、出书的人是"老师"，读者作为无名的普通人心怀感激地拜读"老师"的作品。然而随着"老师"的增加，书籍出版变得越来越容易，作者的地位开始降低。想出书的人开始害怕"读者"，有趣的书变少了，读者的地位越来越高,一步步走向王位宝座。所谓出版业衰退的现象,也是读者的力量变强所致。不过,有的读者可能还没达到国王的地位,但也在逐渐成为贵族,这一群体正在不断壮大。

我们可以想象,信息的发送和接收之间的关系类似于物品的生产和消费之间的关系。最初,信息报道总是少于接收。随着时代变迁,信息的发送和接收都在增加,但是教育调节了这一关系,文化的发展令信息的接收超过了发送。尽管教育使接收者数量大幅度增加,但是发送者的数量还是超过了接收者,社会步入信息化时代,给以往的供求关系带去了变化。书籍和杂志的滞销与教育的普及和扩大相关,这不是偶然。对信息和知识不满意的接收者正在寻求新的信息提供方。

我们也可以认为,人工智能之所以备受期待,是受到了接收者无声的压力,他们要求更强的传达能力。

邮 件

写信的乐趣

随着年龄的增长，有趣的事情和开心的事情越来越少。虽然觉得很无聊，但是没有方式排解。到最后，如果觉得最开心的事是收到一封没用的信，那么人生就接近尾声了。虽然谈不上感激，但如果突然从意想不到的人那里收到一封信，信中写着"没什么事，不知道你过得怎么样，就写信给你……"，或许整个人会为之振奋。

年轻的时候，我为了打发时间读过一本英国图书，书里一位爱写信的少年被问到长大后想当什么，他不假思索地回答道："邮递员！"

我觉得这一幕特别有意思。

英国好像有很多爱写信的人。以前,当在美国报纸上看到一位从英国回来的美国妇女热情洋溢地谈论英国人对邮件的热爱时,我很受感动。据说那位女士在伦敦郊区待了两年,邻居是一家大公司的总裁。他们平时没有来往,但她偶尔会收到邻居的来信,写着"我们家的花上周开了"之类的事情。

这位女士的朋友家有一个独生子,儿子平时与父母分居,有时会来父母家吃饭。儿子一回到住处就给父母写感谢信,父母会分别回信感谢儿子的到来。这位美国妇女说她真心羡慕这样的家庭,我读了也很动心。

从很早开始,我就为收到信和明信片而高兴。在家时,到了派送邮件的时间我就静不下心。只要听到外面有一丁点动静,我就会激动地飞奔出去。有时候听错了,只好垂头丧气地回来。有时候听到声音出去一看,信箱里已经装了满满的信件,便会特别开心。

我捧着信到书房里读,其实收到的也不是什么大不了的邮件。

虽然也有人不解风情,说这种东西还是不收到比较好,但对于喜欢写信的人来说，聊胜于无。有时会从一堆大件包裹中掉出一张明信片，是故乡的旧友寄来的，通篇都是小字，写得乱七八糟，我只好拿放大镜看。明信片里罗列了各种不着边际的事情，只读一次觉得可惜，再读一遍又是另一种味道。这时候我会想，要是住得近的话，就可以跟他见面了。

等我回过神来，才发现时间已经过了很久，于是赶紧收拾包裹，把明信片留到以后慢慢看。

书信传达的敬爱之心

我从上初中开始养成了等信的习惯。家里很无聊，总是乱成一团，父亲便让我进了寄宿制中学。不知道是不是心里有点过意不去，父亲常常给我寄信或明信片，结尾永远是那句"希望你能专心学习候"。虽然对十二岁的孩子用这种语气显得很滑稽，但因为信是用候文写的，令我有一种被当作大人的感觉，所以很开心。我每周都满心期待着父亲的来信，就这样从中学毕业了。我曾经对父亲心生反感，多亏了候文的信，令我觉得他还是很温暖的。

和父亲一起在家的时候，作为孩子没有特别注意父亲的声音，而自从他给我写候文的信之后，我渐渐觉得父亲的声音变得温暖柔和了，好像就在身边。

即便在我自立以后，父亲还是继续给我写信。也许是为了找借口，他把老家的特产八丁味噌一起寄来了。这样的信一直持续到父亲行动不便才停止。

我觉得父亲的形象是在一封封信里形成的，我开始相信书信可以传达心意。

人不能独自生存。我明白这一点，不过真正吸引我的是对方时而近在眼前，时而遥不可及的感觉。

南极探险队一名队员的新婚妻子给丈夫发了一封只写了"老公"两字的电报作为贺年卡，成为热门话题。这封写给远方丈夫的贺年卡也感动了其他人。

正如前面介绍的那样，夏目漱石在年末给他的爱徒寺田寅彦寄了一张明信片，写道："一月二日，我们师徒几个聚一聚。如果只是吃饭的话就傍晚到，要帮忙的话就下午来。"

明信片很快就送达了，当时的邮递效率可圈可点，更重要的是，这张明信片体现了夏目漱石的平和性情。

人会珍惜身边的人，同时对有些距离的人怀有敬爱之心。说是敬爱，更多的是敬意。

保持心理距离的方法

有一个词叫"敬而远之"。我们对于身边非常熟悉的人，会感到亲切但也很少怀有敬意。是"敬而远之"的心理在起作用。

人好像就是这样，面对面交谈时感觉不到亲近，一旦远离就会被吸引。

写信之所以能表示尊重，也许是因为明确了和对方的距离。日本人在这方面尤其机敏，认为对收信人用平等的称呼是不合章法的，至少要称"阁下"。

这样称呼年长的人还不够，要加上"侍史"。因为不敢直接呈递，所以会经由身边的"侍史"递交。使用"足下"一词也是为了避免直接提及对方。

对不是真正的老师的人，以"老师"称呼他们也代表了一种心理距离。再怎么粗鲁的人都不会在写信时直呼对方的姓名。

电话比信件好的地方在于更为方便，可以马上得到回应。但是双方的距离过近会产生摩擦，发生争吵的情况不在少数。特别是年轻人，明明平时关系很好，却一打电话就吵架。这是人们在打电话时不能很好地做到敬而远之，或者说通话时太直接的缘故吧。

在一家店里，年长的店主——一个老头儿不停地对着电话鞠躬。他儿子看到了说，无论怎么点头哈腰对方都看不见，不要做这么丢脸的事。

年轻人还不成熟。即使对方看不见，鞠躬的心意也能传达到。接收者是人，而人是懦弱的，总是担心自己会不会被别人攻击。如果这时候从远方传来的话语充满敬意，就能令我们发自内心地快乐。期待来信的心情就是如此产生的吧。

认可接收者

虽说是传达、交流，但接收者总是从属于提供方，对提供方百依百顺，甚至有不少人质疑接收者存在的意义。

然而书信很独特，它的接收者不需要从属于提供方。接收者有时甚至拥有左右提供方的力量，但这种情况极其罕见。

无论是否清楚接收者的这股力量，专业的提供方确实在把接收者当作傻瓜。放送、报纸、杂志真的尊重接收者吗？高要求的接收者正在用充满怀疑的眼光盯着他们。

在这一点上，政治出人意料地处于领先地位。政治先于文化、经济、工业认识到了接收者的力量。虽然为时已晚，但在接收者——知识分子的推动下，民主政治似乎开始朝着主权在民的方向前进了。果然，立志从政的人和服务业的人的思想更为进步。在"消费者为王"这一说法出现之前，他们已经意识到主权在民。他们重视接收者，为了满足接收者的要求呕心沥血。在男性被提供方的逻辑束缚时，女性在选举中表现出强大的一面，给地方政治带来了新风。在地方首长一职中看到越来越多的女性面孔。男性不应该继续安于现状，坐在提供方的位子上无动于衷，而需要研究如何成为能和新的接收者抗衡的提供方。

如果能够实现提供方和接收者相互竞争的民主氛围，人类历史就可以翻开新的篇章。

虽然想法多少有点跳跃的倾向，但是邮件，也就是书信可以被看作融合提供方和接收者、保持双方和睦的原点。

图书在版编目（CIP）数据

深度输出 /（日）外山滋比古著；沈亦乐译 . -- 北京：中国友谊出版公司，2024.8
ISBN 978-7-5057-5677-9

Ⅰ.①深… Ⅱ.①外… ②沈… Ⅲ.①心理交往—通俗读物 Ⅳ.① C912.11-49

中国版本图书馆 CIP 数据核字 (2023) 第 138149 号

著作权合同登记号　图字　01-2023-5198

DENTATSU NO SEIRIGAKU
by SHIGEHIKO TOYAMA
Copyright © MIDORI TOYAMA 2019
Original Japanese edition published by Chikumashobo Ltd.
All rights reserved.
Chinese (in Simplified character only) translation copyright © 2024 by U Ginkgo (Beijing) Book Co.,Ltd.
Chinese (in Simplified character only) translation rights arranged with Chikumashobo Ltd. through Bardon-Chinese Media Agency, Taipei

本中文简体版版权归属于银杏树下（上海）图书有限责任公司。

书名	深度输出
作者	［日］外山滋比古
译者	沈亦乐
出版	中国友谊出版公司
发行	中国友谊出版公司
经销	新华书店
印刷	天津雅图印刷有限公司
规格	889 毫米 ×1194 毫米　32 开 6.5 印张　106 千字
版次	2024 年 8 月第 1 版
印次	2024 年 8 月第 1 次印刷
书号	ISBN 978-7-5057-5677-9
定价	42.00 元
地址	北京市朝阳区西坝河南里 17 号楼
邮编	100028
电话	（010）64678009